コーヒー　至福の一杯を求めて

バール文化とイタリア人

島村菜津

光文社未来ライブラリー

0026

コーヒー　至福の一杯を求めて　目次

第一章

イタリアのバールとは？

VIETATO FUMARE

さまざまに変化するBAR＝バール

イタリアはさながら、バールの迷宮である。

田舎の駅で列車が遅れ、さて、どうしたものかと振り向けば、そこにＢＡＲの文字。

人里離れた森の修道院へ長距離バスでやってくれば、そこにもバール。

夕暮れ時、中世都市をさまよい、人恋しさに灯りに吸い込まれてみれば、これもバール。

小さな島で海岸通りを歩けば、そこにもバール、アルプスの山を歩けば、クロッカスの谷間の向こうにもバール。

大学にもバール、病院にもバール、広場にはこぞってバール……。

そのうちにすっかり刷り込まれ、ＢＡＲの文字を見れば、涎《よだれ》を垂らして入ってしまうではないか。なかなか来ない列車も、修道院の長い坂道も、はては輝く地中海の眺めまでが、すべてはＢＡＲへ引き込むための策略にさえ思えてくる。

しかし、通えば通うほどに、わからなくなるのも、このバール。

「バールって何？　日本のバーみたいなもの？」

そう、友人に訊かれる。

美人のいる銀座のそれとは、ちょっと違うが、そうでないバーなら重なる部分はある。だが、もうちょっと気楽で敷居が低いし、お酒もいろいろ飲めるが、夜型とも限らない。コーヒーが飲めて、軽食ができる、これは基本である。

「コーヒーが飲めるのなら、喫茶店?」

広い意味ではそうかもしれない。しかし、あの空気が止まったような感じとは、無縁である。ゆっくり座って飲むこともあるが、大抵は、立ったまま、さっと飲んで、さっと出るという、せわしない場所である。

そこに、説明しようとしてもあまりにも要領を得ない自分がいる。相手もさすがに苛立《いらだ》ちの表情を見せ、顔には、こう書いてある。

「だったら何なの!」

宝石屋や質屋でないことだけは確かだが、時にはケーキ屋だったり、ジェラート(アイスクリーム)屋だったり、煙草《たばこ》屋、トトカルチョ屋にも、堂々とバールと書いてあるから、ややこしい。とどのつまり、私もよくわかっていないらしい。

そこで、まずは、さまざまに変化する、そのつかみにくい実体から見てみよう。

広場と限りなく同化していくバール

イタリアには、広場という空間がある。

そして、この広場に寄生するようにしてあるのが、バールだ。多いところには何軒もある。バールのない広場は珍しいといえるほど、この二つは分けがたく、どうやって権利を手にしたものか、公共の場である広場に堂々とテーブルを並べている。

だが、この開放感がいい。親密でいて、どこまでも人目にさらされている。そのほどよい緊張感が、恋人たちをそそる。内とも外ともつかないファジーな空間が、ともすれば家に籠もりがちな独居老人や幼児のいる母親をも引き寄せる。そこなら、気兼ねせずに一息つけるし、友人とおしゃべりをしてストレスも発散できる。

広場は、大抵、町の真ん中にあって、そこにドゥオーモと呼ばれる大聖堂が建っている。つまり広場は、キリスト教社会において、物理的な街の中心であるばかりでなく、精神的な中心でもあった。

広場は祭りの舞台となり、市《いち》や政治集会が開かれ、かつては処刑の場にもなってきた。ヨーロッパの都市が、一四世紀になっても中国やイスラムの都市よりずっと小さいままだったのも、そもそも街というものが大きくなり過ぎないように見守りながら、人間サイズの街を造ってきたギリシャのポリスの伝統が根底にあるのではないか、と言われている。

そして、この広場とバールとが溶け合う場面は、イタリアではしばしば観察される。年寄りの元気な田舎町の日曜日の午後、学生の多い大学都市では週末の晩などに多く見られる現象である。

私の記憶が確かならば、最初に遭遇したのは、フィレンツェの職人街にあるカルミネ広場でのこと。それは暑い夏の週末の晩だった。友人の家から帰宅途中、そこを通りかかると、ビールやカクテルを手に若者たちが、広場の中ほどまですっかり占拠している。しかも異様な熱気で、何事かとにじり寄れば、大道芸人がいるでなし、生演奏があるでなし、ただのおしゃべりではないか。

みんな、そこにある「ドルチェ・ヴィータ（甘い生活）」というバールの客たちのようで、広場に集《つど》ったギリシャの賢人よろしく、グラス片手に立ったまま、それなりにポーズをとり、嬉々としてしゃべり続けている。よほど他に娯楽がないのか、それとも地中海人のDNAのなせるわざなのだろうか。

フェデリコ・フェリーニの『甘い生活』（一九六〇年）は、マストロヤンニ演じるゴシップ記者が、ローマのヴェネト通りのカフェを中心に繰り広げる色っぽくも退廃的な物語だったが、その映画にあやかったバール「ドルチェ・ヴィータ」の全盛期は八〇年代に終わったという。しかし、広場に寄生するバールは、寿命が長い。それもこれも、広場の恩恵である。何しろ広場は、街の心の真ん中で、そこにあるバールは、まるで無意識のあり地獄のように人を吸い寄せるのだから。実際、経営難で主人こそ変わったものの、シックな店に様変わりし、今も生き残っている。

ただし、この広場バール文化には弱点もある。楽しそうだ、などと呑気なことが言えるのも、自分が、そのバールの上階に住んでいないという前提があってのこと。

久しぶりに、まだ健在の「ドルチェ・ヴィータ」に顔を出した。経済の軸は、カフェからアルコールにさらにシフトしたようで、午後五時にようやく開き（現在は、朝一〇時から営業）、客がいれば夜中三時まで営業する。いわゆるバーに近づいていた。

前の主人だった頃、思い切って、広場にテーブルを並べるのにどのくらい払うのかと訊いてみたことがある。店がカルミネ広場に権利を持っている空間は、どう見てもテーブル二つ分だったが、気候のよい週末の晩ともなれば、店の客は大幅に境界侵犯し、バールによる、広場のっとりが公然と行われていた。

「あんた、そんなことを訊いてどうするんだい？」

「だって公共の場だし、誰でも椅子を出せるわけじゃないでしょう。もし、好きなだけ椅子を並べられるなら、広場は大混乱だし、きっと、かなりの金額なんではないかと……」

「なるほど、そうだな、だいたい、あれっぽっちのスペースで、年に一二〇万円くらい払ってるかな」

すると、訊きもしないのに、店の人がこうぼやいた。

「だが、広場に椅子を出すには、まず住民の同意が必要だ。実を言えば、この店も、毎月のように（住民の苦情で）休業の危機に見舞われているのさ」

さすがに広場周辺の住人は、週末ごとに若者たちにはしゃがれたのでは、うるさくてかなわない。店からはみ出していくのは、客だけでなく、その笑い声や低音がおなかに響くBGMも同じことだった。しかもサッカーの試合がある晩は、巨大なスクリーンを広場に出して、みんなで観戦する。

広場バールの開放感と愉しみは、長い歴史の中で培われたご近所さんたちの賞賛すべき寛大さと忍耐力の上に成立していた。

伝統的コンビニエンスストアとしてのバール

町はずれのひなびたバス停。バスは、五分おきになど来ない。次のバスまで、あと三〇分はゆうにある。夏の陽射しが容赦なく照りつけ、ジージーと鳴く蟬の声に暑さが増す。

手元にチケットはなく、車内で売ってもくれない。チケットを持たない客から罰金をとって儲けるシステムなのだ。前もってチケットを買っておかなければ大変、ときょろきょろすれば、へい、待ってましたとばかりに、そばにバールがある。表に紺色に白いTの字が入った小さな看板を掲げる「バール・タバッキ」である。バスのチケットだけでなく、煙草や切手、トトカルチョまでもが、エスプレッソと同居する不思議な店である。だが、ちょっと得をした気分になるのはなぜだろう。

この日、寄ったのは、バラ色の壁の二階家で、入り口に古風な裸電球がひとつあるだけの何の変哲もない、ごく普通の田舎のバールだった。

中に入ると、恰幅のいい主人が「こんにちは、何にしますか？」とにこやかに声をかける。テーブルでサンドイッチをかじっていた老人が、新聞から顔を上げ、じろっとこちらを見た。怯《ひる》まず挨拶をすると、何だい、お前という表情のまま「こんにちは」と返事をしてくれた。

まず、冷たいミネラルウォーターとエスプレッソを頼んだ。デミカップに半分ほどのエスプレッソなど一瞬で終わるから、ちっとも時間潰しにはならない。仕方なく、市販のジェラートを舐《な》めながら外を眺めた。本来、立ち飲みが基本のバールでぐずぐずするのは野暮だが、こういう田舎のバールは融通が利く。何しろバス停の恩恵にあやかっている店だ。案の定、主人が助け舟を出してくれた。

「バスは、まだまだ来ないよ。すぐそばだから来ればわかるし、外は暑いから店で座って待っていればいいさ」

店には、低いテーブルに椅子が二つ。イタリアのバールでは、立ち飲みのエスプレッソの値段は一三〇円から一九〇円と一律なのだ（後述）。その代わり、腰かければいくら要求してもいいことになっている。そこで観光地のバールでは、まま、このカフェと椅子の組み合わせが、宝石のような値段に化ける。それでも、下町やこんな田舎のバールには、今も座っても無料の黄金の椅子が残っている。

腰かけて店の中を眺めまわすと、カウンターが占めるのは三割に過ぎず、残りはすっかり食料品で埋まっている。

高い棚には、ありとあらゆるものがぎっしり詰まっていた。ココア、紅茶、緑茶。

コーヒーは、地元の焙煎所「ジョリー」のものばかりでなく、ナポリの「キンボ」からトリエステの「イリー」、「ネスカフェ」のインスタントまである。煙草や葉巻も種類が多い。ビスケットにチョコレート、バターにヨーグルト、オリーブオイルや乾パスタ、トマト缶、アンチョビ、スパイス各種、アイスクリーム。オリーブの酢漬けやボイル済みのほうれん草と、惣菜もある。

奥は、その場でサンドイッチを注文できる一角になっていて、ショーケースには、各地のチーズ、生ハムやサラミもおいしそうなものばかり並んでいた。

さらに洗剤やトイレットペーパー、おもちゃまである。携帯電話が普及した今では、もはや絶滅危惧種となった公衆電話まであった。

カウンターに視線を戻すと、リキュール類の他に、地元トスカーナの小さな生産者のキアンティやブルネッロ・ディ・モンタルチーノ、ヴィン・サントなどが置かれている。レジのわきには、ポテトチップス、ガムやチョコレート……。

バス待ちの外国人が、コーヒーを飲むうちに気紛れを起こし、土産にオリーブオイルやワインを買いたいと思い立っても、使える店だった。

「いったい、この店には、どのくらいの品物がそろってるんですか？」

「さあ、数えたことないけど……ざっと六五〇種くらいはあるんじゃないかな。田舎のバールだから、地元の人が日常的に必要なものは、何でもそろえておくに限るよね」

私はどうも自己中心的に考え過ぎたようで、この手のバールは、あくまでも地元の人に焦点を絞っているのだ。地元のおばあさんが、スーパーで買いそびれたアンチョビだったり、昼食のお惣菜だったり、食事に招かれた時の手土産のチョコレートの箱だったり……。基本的に村のよろず屋なのである。

主人は、独り言のように続ける。

「この店は六〇年代に僕の親父が始めたのだけど、この辺は、二〇年くらい前まで何にもなかった。畑ばかりさ。そのうち、住宅地が街からどんどん押し寄せてきて、それに合わせて扱う商品の品数も増えたのさ」

これだけそろえば、ちょっとしたコンビニエンスストア並み、と思いかけて、あることを思い出した。数年前、イタリアのホテル学校で教鞭をとる方が、「この国では法律で二四時間営業ができないからコンビニエンスストアがないんですよ」と教えてくれた。言われてみれば、二四時間営業の店を見かけない。

調べてみると、法律では、バールは日に五～六時間の休みをとらなければならず、休憩なしに営業できるのは一三時間まで。自治体によって違うが、ボローニャやローマの場合、夜は午前一時か、遅くとも二時には閉店しなければならない。グローバル経済に乗り遅れまいとするシルビオ・ベルルスコーニ政権の頃にかなり規制緩和され、現在では二二時間くらいまでの営業なら可能だという。そろそろ外資系のコンビニエンスストアでも進出してきそうなものだ。

日本に五万七〇〇〇軒以上あるコンビニエンスストアでは、平均約三〇〇〇のアイテムを常時そろえているという。だから「片栗粉を買い忘れた！」という時も、おばあちゃんが「お線香が切れた！」という時も大丈夫だし、明け方に資料をコピーしたいという不条理な欲望にも応えてくれる。小包みも簡単に送ることができれば、ATMまである。

しかし、イタリアでは、夜中に小腹が空いても朝までがまんするしかない。ATMは、泥棒も多く物騒だから無理だろうし、日本が誇る多様な缶ジュースやカップラーメンの類も、とりたてて必要としているようには見えない。

そう考えれば、地元の人たちが欲するものは、六五〇アイテムくらいで充分。せいぜい多くても一〇〇〇品くらいである。

質問の相手を間違っているかもしれないと懸念しながらも、訊《たず》ねてみた。

「どうして、イタリアには、コンビニエンスストアがないんでしょうね」

主人は少し困った顔をした。

「コンビ……そりゃ、何だい？」

「あの、アメリカなんかにたくさんある、夜中も営業しているスーパーのような……」

「どうして夜中に買い物しなけりゃならないんだい？」

それ以上、訊くのはやめにした。夜中は寝ろ、ということか。すると、主人は何を思ったのか、こんなことを言い出した。

「イタリアにも外資系の大型スーパーは進出してきたさ。夜中はやらんがね。だから、ここみたいに小さな個人店は、質のよさにこだわらなきゃダメなんだ。客は普段、食べるものがおいしくなければ、さっさと鞍替えしてしまう。だから、僕はサラミでも、チーズでも、できるだけいいものをそろえるんだ。ブリオッシュ（イタリア版のクロワッサン）やサンドイッチ用のパンだって、毎朝、地元のパン屋に焼きたてを届けてもらってるんだ」

とはいえ、こうしたバールにも、平凡なだけに、どうしたってグローバルな商品は忍び込む。子供の菓子類、清涼飲料水、紅茶、固形調味料などは私もよく知っている世界ブランドが並んでいた。

けれど、客が足を運ぶ決め手になるものは、客の声を聴いてそろえる。自分で選んだ地元のおいしい物に的を絞る。そうすれば、学校の同級生だった地元のパン屋も潰れずにすむし、郷土自慢のペコリーノ・チーズの生産者も支えていける。どこかの工場ではなく、客の注文に応じて目の前でつくるパニーニ（イタリア風サンドイッチ）も人気の秘密である。

ひょっとすると、イタリアにどこでも同じコンビニエンスストアがないのは、地元のコミュニティと野太くつながっている、こんなよろず屋バールが健闘しているからではないか。主人は言葉さえ知らなかったが、こうしたバールは、ある意味で、伝統的なコンビニエンスストアなのだ。

店を出ようとすると、主人が「ちょっと」と呼び止めて名刺をくれた。すれた旅人にはありふれたバールでも、そこには知られざる自負とプライドがあった。名刺の裏には、ひと回り大きな文字で、〝品質第一〟と書かれていた。

自分を表現する劇場としてのバール——歴史に残るカフェ

イタリアでバールの母体となったカフェ。記録に残る最古のカフェは、一六八三年、

19世紀、ヴェネチア、サン・マルコ広場のカフェ「フロリアン」の様子
(ジュゼッペ・ベルティーニ作。ミラノ近代美術館蔵)

ヴェネチア、サン・マルコ広場に生まれた「ボッテーガ・デル・カフェ」だ。しかし、多くの状況証拠から、それ以前にイタリアにはカフェがあったと考えられる(第六章参照)。

一八世紀も半ばを過ぎると、ヴェネチアにはすでに二〇〇軒のカフェが建ち並んでいた。なかでも人気を集めたのが、カフェ「フロリアン」だった。創業者フランチェスコーニ・フロリアンの名で親しまれたこのカフェには、劇作家のカルロ・ゴルドーニ、建築家のパッラーディオ、画家のティツィアーノ、作家のプルーストといった人々がたむろした。

世界一美しい広場に面したカフェは、世界一、条件に恵まれたカフェでもある。しかし、もはや史跡と化したこの店は、私のようなダサイ観光客で溢れ返るという宿命を背負っており、気がつけば足が遠のいていたが、ある年、この店に格別に愛着を覚える出来事が起きた。

それは、この老舗《しにせ》が、一年でたった数日、華やかなりし時代の面影を垣間見せるマジカルな日、カーニバルの晩だった。

ホテルも予約していなかったが、急に思い立つと、私は、海上を行く列車に揺られ、水上バスに乗り込み、押し合いへし合いの路地を抜けて、ようやくサン・マルコ広場に出た。そして、客で溢れ返る「フロリアン」に滑り込んだ。アドリア海からの湿った風で身も心も凍りつきそうだった。温かいチナール酒でもひっかけて温まろうとしたのだが、次の瞬間、あまりにも豪奢な景色に圧倒された。

カウンターでは、大粒の涙を頰に描き、砂糖菓子のような淡い色の衣装を身にまとったアルレッキーノ（つぎはぎの衣装に帽子を被った道化）が、ストローでカンパリを飲んでいる。その奥では、教皇に扮した顔の大きな初老の紳士が、赤と黒の枢機卿の衣装をまとった二人の若者の間で、葉巻を片手にエスプレッソをすすっていた。チナール酒を注文したところで目が合うと、〝教皇〟は、こちらに向かって十字を切って祝福してくれた。

奥の部屋では、金糸銀糸をふんだんに使ったドレスに身を包んだ婦人が、息子か、それとも男友達か、若い男をはべらせて座っていた。黒い羽根の扇子に半分隠れた、つけぼくろの赤い口許が、妖《あや》しげに微笑む。

店には、今は亡き、ある公爵の姿もあった。公爵は、毎年自らデザインした衣装で臨むカーニバル狂として名を馳せていた。すでに七〇歳は超えていたであろう公爵は、緑と金を基調にした孔雀色のチャイナ風の衣装に厚化粧をしてうっとりと立っていた。ヴェネチアングラスのおぼろな照明と、東洋の美女たちが描かれた壁画、やや曇った鏡張りに金の縁取りの窮屈な店内が、いっそう虚ろで、仮装した客たちの亡霊じみたきらびやかさを際立たせていた。

そして、この時ほど、ジーンズ姿にカメラをさげた自分や観光客の無粋さを恥じたことはなかった。せめてここは、尼僧の姿ででも臨むべきだった。

このカルネヴァーレの都に生を受けた芸術家の一人がカザノヴァだった。「フロリアン」やローマの「カフェ・グレコ」にも足を運んだ無類のカフェ・フリークだ。イタリア人が、カフェやバールをこよなく愛する理由について、そのカザノヴァが、目の覚めるような記述を残している。

ボローニャの町に入ったとたん、カザノヴァは、ふと気紛れを起こし、軍服を着て軍人になりすましてやろうと思いつく。そのためにわざわざ長い剣を買い、りっぱな杖を持ち、黒い記章が格好よくついた帽子を被り、前髪を切り、上衣の垂れを長くし、決めに決めてから「町で一番、人が集まるカフェ」へと繰り出す。

わたしの制服は白く、チョッキは青で、肩章は金銀がちりばめられ、剣の吊り尾もそれ相応なものだった。わたしは自分の威風に満足して、大きなキャフェに入り、ショコラを飲みながら、内容のことなどには意をそそがずに新聞を読んだ。わたしはまわりから見られていることが大変に嬉しかったが、そんなことは気づかぬふりをしていた。

（ジャック・カザノヴァ『カザノヴァ回想録』窪田般彌訳、河出文庫）

ただただ目立ちたい一心で、カフェを目指す。これはもう、文学的態度というより、いまどきの〝ちょいワル〟親父と何ら変わりがない。敷居の高かった老舗カフェも、これを読んでしまうと、ぐっと身近なものに思える。せっかくの歴史ある名店には、観光客も、このくらいの意気込みで臨むのが正解かもしれない。

イタリア人が時に気の毒なほど見かけにこだわる風習も、こうしたカフェ文化が磨きをかけたといえる。当然、そこは自らを表現するだけでなく、女を物色に行く格好の場だった。

一八六〇年、ヴェネチア領事だったイギリス人ハウエルズも、『ヴェネツィア暮らし』（『ヴェネツィア　詩文繚乱』所収）の中にこんなことを書いている。

　彼らはいずれも身なりの良いハンサムな男たちで、髭をきちんと切りそろえ、帽子もブーツもぴかぴかで、目に立つほどきれいに洗濯されたシャツを着ていた。わたくしは、いつも、彼らは何者で、どういう社会階層に属しているのだろう、下らぬわたくし自身のように、フロリアンでくつろぐ他に何もすることがないのだろうか、と思ったものである。いまだに、謎はまったく解けない。ともかく、ヴェネツィアの一部の男たちは、こんなぐあいに優雅かつ有益に日々を過ごすのである。ヴェネツィアの父親は、ご子息の職業は、と問われると、誇らしげに、「広場におります」と答えるのだった。それは、つまり、息子はステッキを持ち、薄い手袋をはめて、フロリアンの窓から、通りかかる婦人たちを見ている、という意味だった。

（鳥越輝昭『ヴェネツィア　詩文繚乱』三和書籍）

イタリア貴族には「ドルチェ・ファル・ニエンテ」＝「無為安穏」などと訳される人生の美学がある。何にもしないことこそ、美しい人生のありようなのだ。

残念ながら、貴族もやり手企業家として生き延びる今、優雅な孔雀男たちの質も大いに変わり、中には、おうむ男（うぶな外国人女性に金銭目的で近づくジゴロのことをパパガッロ＝おうむと呼ぶ）に変化する者まで現れた。

しかし、それから一六〇年を経た今も、カフェは、恋愛講座と物色の場であることに変わりはない。

ある時、イタリアで男子を出産した日本人の友が「あら、男の子は衣装代が大変ね」と心配されて仰天していたが、それほど孔雀男が育つお国柄。見るだけでなく、見られることも決して嫌いではない男子も多いだけに、物色の愉しみもまた男女平等。私もまた、老舗カフェでは、人間観察と美男の物色こそ、正統な楽しみ方と心得る不《ふ》埒《らち》なやからである。

老舗カフェとバールは別ものという人がいるが、老舗カフェは、バールの母体となっただけではない。カウンターでエスプレッソを立ち飲みする場合、他の店と変わらない価格でこれを楽しめるカフェは、バールの部分集合になる。

コラム1　独断的老舗カフェ指南

トリノ

イタリア統一の政治的中心となったこともあり、古いカフェが多い。観光局で予約しておけば、半日カフェ・ツアーがある。

「ビチェリン」は一七六三年創業。木調の内装に白大理石のテーブル、狭い店内には懐かしい風情がぎゅっと詰まっている。カブール、イタロ・カルビーノ、デュマなどが通った。エスプレッソにチョコレート、生クリームを加えた飲み物〝ビチェリン〟は、ここで生まれ、トリノ名物となった。二〇一八年に日本上陸、すでに一三軒も。

創業一八五八年の「バラッティ&ミラノ」もチョコレート屋を兼ね、「フィオリオ」（一七八〇年創業）は、ジェラテリア（アイスクリーム屋）として有名。一九〇七年に創業した頃の重厚なインテリアを残す「ムラッサーノ」はサンドイッチのおいしさに定評がある。その他にも「カフェ・トリノ」、「プラッティ」

と老舗が多い。

トリエステ

一九世紀前半からコーヒーの輸入が町の主要な産業となり、今に至る。スラブ系、ゲルマン系、ラテン系と民族の血が入り混じる港町は、老舗カフェが多いだけでなく、人間観察の楽しみもまた格別。

「サン・マルコ」は一九一四年創業、動かない客とややひなびた風情が日本の喫茶店を彷彿させる。ジョイスや詩人のウンベルト・サヴァも通った。二〇一三年、取り壊しの危機が迫ったが、地元の本屋との一体化によってうるわしい空間に蘇った。

一八三〇年創業「トマゼオ」は、白壁に大理石のテーブルの優雅なカフェ。当時から人気のアイスクリーム屋でもある。

統一広場の大きな「カフェ・デリ・スペッキ」は、その後ろの建物に住んでいたギリシャ人移民の溜まり場だった。

坂道の多い港町をカフェに立ち寄りながら歩くのは楽しい。

ヴェネチア

「クアードリ」は一七七五年、ガレー船でレヴァントから渡ってきたジョルジョ・クアードリという人が開業したというが、この場所には一六三八年に創業したワインなども飲ませる居酒屋「リメディオ」が存在していたらしい。高級レストランも兼ね、ブラピやデ・ニーロも立ち寄ったとか。

クアードリが店を開けた時、すでにサン・マルコ広場には、二四ものカフェが鎬《しのぎ》を削っていたそうだが、「フロリアン」の他に今も残るのは、一七五〇年創業の「ラヴェーナ」。音楽家たちが集ったカフェとして知られ、ワーグナー、リスト、ロストロポービッチ、マリオ・デル・モナコなどが訪れた。

パドヴァ

「ペドロッキ」は一七七二年創業。イタリア随一のカフェと呼んだスタンダールに限らず、今でも、どこよりも歴史を感じられる店と絶賛する人は多い。店の名は、創立者アントニオ・ペドロッキに由来する。何より面白いのはその建物で、一八三一年にヴェネチアの建築家が改装した際に、ゴシック、新古典、ルネサンスなどいろいろな時代の折衷様式を楽しんだという不思議な造り。二階は小さな美術館になっている。生クリームとミントを加えたペドロッキ特製エスプレッソが名物。

ローマ

「エル・グレコ」は一七六〇年創業。文豪ゲーテ（一七四九～一八三二年）の頃は、ドイツ人旅行者の溜まり場となり、ドイツ人カフェと呼ばれた。今はバールでの喫煙が全面的に禁止されたが、当時、人を惹きつけた理由は、他の店より自由に煙草が吸えたからだという。メンデルスゾーン、シェリー、ジャコモ・レオパルディ、カルロ・レーヴィ……と通った著名人は枚挙に暇《いとま》がない。

七〇年代、巨匠グットーゾの描いた「カフェ・グレコ」の絵には、カメラを首からさげ、出っ歯で眼鏡姿の青年と長髪の貧弱な女性という日本人観光客の姿が描かれたほど、日本人客も多い。

ナポリ

「ガンブリヌス」は一八六〇年創業。スカラ劇場よりも古いオペラ座サン・カルロ劇場から目と鼻の先、広場に面している。白壁のレリーフが美しい、ナポリでも最も優雅な名店。ナポリの特製の甘いシロップとヘーゼルナッツクリームを加えた「ノッチョラータ」も人気。ババやスフォリアテッラといったナポリの伝統菓子も味わえる。ダヌンツィオや劇作家のエドゥアルド・デ・フィリッポもここに通った。

フィレンツェ

「ジュッベ・ロッセ」は、前衛運動、未来派の詩人フィリッポ・マリネッティや画家カルロ・カッラ、ジャコモ・バッラなどが、毎晩集って芸術談義を交わした文芸カフェ。店の名は、もともとこの店はドイツ人兄弟の経営するビアホールで、当時その兄弟が身につけていた赤いチョッキ（ジュッベ・ロッセ）に由来。何度か経営者が変わり、改装して再開の予定だったが、買収劇が裁判沙汰となり、休業中。再開が待ち遠しい。

同じ共和国広場には、一七七三年創業、一九世紀半ばに越してきた典雅なカフェ「ジッリ」、一八四六年、ポーランド人のビアホールから始まった「パスコフスキー」がある。

シニョリーア広場に一八七二年、サヴォイア家のチョコレート職人が開業した「リヴォワール」は、ミラノの会社の手に渡り、チェーン展開し始めた。

ミラノ

「バール・ジャマイカ」は、一九二一年、学生でにぎわうブレラ地区の路地裏に創業。白タイルと木のカウンターの素朴さがいい。その名は、ヒッチコックの『ジャマイカ・イン（旅館）』（※邦題は『巌窟の野獣』。一九三九年）という映画が上映された年からのもの。芸術家の溜まり場となり、六〇年代はアレン・ギンズバーグなど、ビートニクの人々も通った。常連のムッソリーニには、一九二二年、無銭飲食の記録も残る。

ケーキ屋の「コーヴァ」は一八一七年創業。上流階級の溜まり場となり、今も高級ブランド街モンテナポレオーネ通りにある。エスプレッソは逸品だし、クリスマス菓子のパンドーロもおいしい。二〇一九年、上海、香港に次いで日本上陸。

同じくケーキ屋で、クルミ材の木彫りの内装が郷愁をそそるのが、一九一〇年創業の「タヴェッジャ」。詐欺で人手に渡った後、ボローニャの老舗「ガンベリーニ」を再生させた会社の運営でようやく再開。

ノート

シチリア南東部のバロックの小さな町ノート。ここの強烈な引力となっている「カフェ・シチリアーナ」。一九六二年にタスカ兄弟が始めた店はまだ新しいが、お菓子屋バールの水準が高いシチリアの中でも、添加物を使わない伝統菓子とおいしいコーヒーに人が集まる。島の定番、ふわふわブリオッシュとアーモンドやレモンのグラニータも堪能できる。

カターニャ

「パスティッチェリア・サヴィア」は一八九七年創業。ここも島に多いお菓子屋バールで、カンノーリも何でもあるが、爆弾おにぎり並みのアランチーニは空腹を満たし、おつりが来る。カフェもおいしい。

寄り合い所としてのバール――チルコロの謎

イタリアでは、ごく普通のバールに「BAR」ではなく、「CIRCOLO」＝「チルコロ」と書いてある店にしばしば出会う。チルコロとはサークルという意味だから、何かクラブ活動でもやっているのかと覗いてみても、断片だけを見る限り、何ら特別なものは感じない。ところが、これが調べてみるとなかなか面白い。

もうずいぶん昔、アペニン山脈にほど近いトスカーナの峠で、「チルコロ」と書かれた店を見つけた。ポテトチップス、駄菓子、コーラにワイン、どう見ても工場からトラックで配達された菓子パンの類。これといって特別なものは何もない普通のバールだ。

少し埃っぽい店には、これまた愛想のない主人がいて、黙ってコーヒーを淹れてくれた。するとその後ろのカレンダーに日替わりで人の名前が書き込まれている。これが、どうしても気になって訊ねてみると、何と黒いチョッキ姿も堂に入ったこの主人、普段は林業に携っているのだという。件《くだん》の表はバールの当番表で、この日は彼の番なのだという。

つまり、山間部にあるこの村には、バールが一軒もなかったが、コーヒーを一杯飲んで一息つく、バールくらいは欲しい。ところが、個人で営業しても、充分な収益を上げるには村人の数が少な過ぎる。というわけで、村中の人が、ほぼ月に一日ずつの当番制でバールを経営しているのだ。

それは、町の寄り合い所としてのバールとの劇的な出会いだった。

数年後、今度は、四人のためのボランティア団体を立ち上げた人に話を聞こうとすると、彼もまたフィレンツェ郊外の「チルコロ」と書かれたバールに誘った。エスプレッソ・マシーンの他には、必要最小限のリキュール類が並んでいるだけのシンプルな店だった。

彼は、一九六八年の学生紛争の活動家として四年の歳月を塀の中で過ごし、そのあまりにも非人間的な暮らしに憤りを覚えた。刑務所での苦労について訊ねると、額をしわだらけにしてしばらく押し黙っていたが、ようやく重たい口を開き、それは一切の知的生活を断念しなければならなかったことだとだけ呟いた。

「出所してからも、苦労は絶えなかったが、私は痛感したんだよ。元囚人たちが、社会から孤立してしまわないように、気楽に通えるようなバールがあればいい。そこにちょっと相談に乗ってもらえるような相手がいればいいし、そこで、もし何か新しいことが学べたりできたら申し分ない。そうじゃないかね」

それから彼は、このチルコロが、そんなふうにも機能しているんだと教えてくれた。

この二つのチルコロが属していたのが、フィレンツェに本部のある「アルチ」＝ARCIという団体だった。

改めて、広報の青年に話を訊いてみた。やせて眼鏡をかけた青年は、ちょっと昔の大学生風だった。

「アルチは、一八世紀から一九世紀にかけて盛り上がった労働運動の延長線上にあるんです。産業革命とともに都市化が進み、農村部からたくさんの人が都市に移住し、工場で働くようになった。ところが、急激に増えた都市労働者たちの暮らしぶりは、必ずしも楽なものではなかったんです。そこで彼らのために生まれた共済組合が、アルチの母体なんです。最初に手がけたのは、食べるのにも困っている家族や、マラリア予防のための救貧院を各地につくったことです」

しかし、そこでわかったのは、まず一九二〇年代に、各地に自然発生的にチルコロが生まれたことだった。それは、地域に暮らす者たちのレクリエーションと文化活動の場となっていく。ファシズム政権の頃になると、次第に労働運動は弾圧され始め、その反動として、チルコロは反ファシズムの集会所としての性格を強めていく。

皮肉にも、休みをいかに過ごすかという問題に切り込んだのは、一九三〇年、ファシズム政権下で生まれた〝ドーポラボーロ〟（労働余暇）だった。それは、人民の自治に代わり、労働後の時間を組織するための機構で、現在のヴァカンスや団体旅行などの雛型をつくった。反ファシズムの拠点となったチルコロは、いわば、これに対抗するかたちで成長した。

「そんな中で一九五七年、労働者たちが仕事を終えた後の時間、レクリエーション活動を支援する団体として、全国的ネットワークがつくられた。その中央組織にあたるのがアルチです。会員制で、コンサートを開いたり、バールの経営をしたりするチルコロがある。チルコロが先にあって、そのまとめ役としてのアルチがあるというかたちです」

アルチの誕生とともに、チルコロは、バールや飲食店経営の権利を合法化する。六〇年代末からは、学生運動の拠点にもなった。

アルチの会員は、全国でほぼ一〇〇万人を超え、チルコロは四四〇〇もあったのだという。トスカーナ州には数が多く、フィレンツェだけでも会員は三万人。チルコロはコロナ禍、どこも存続の危機に直面していたが、今も二〇〇を超えるという。バールや食堂の経営も手がけるが、あくまでも中心は社会活動だそうだ。エイズ問題、ゲイ差別や移民問題、失業者の職探し、子供の教育、老人ケア、そして囚人の社会復帰……活動の内容も対象も何でもよく、各々の自治に任されている。それらが、地方自治体や企業などから資金を集めながら運営されている。原則的には、チルコロも会員制だが、旅行者がふらっと入ってきても、まず断ることはない。

フィレンツェの中でも活動的なチルコロについて訊ねてみた。

「そうですね。南部からの移民が多いイゾロットのチルコロは、バールだけでなく、ピッツェリア（ピザ屋）やレストランの経営もやっていますよ。会員が一〇〇〇人以上いて、お芝居やコンサートも頻繁にやります。子供たちと週末にトレッキングしたり、老人たちに福祉活動を行ったり、実に活発ですね。

それから、ヴェンティ・チンクエ・アプリーレ（四月二五日＝解放記念日）というチルコロも一二〇〇人の会員がいます。あそこはピッツァが自慢のレストランが人気です。予約してないと入れないくらいで。移民たちへのイタリア語教室もやれば、精神障がい者のための相談室もやっています。体育館では体操教室もやっていますし、ソリッチャーノ刑務所の囚人たちへのボランティアもやっていたな。

他にも毎週のようにジャズナイトを企画したり、名画座を運営するチルコロもありますよ。

最近のテレビの調査で『あなたはチルコロを利用しますか』と、一般人に質問をしたんです。すると、はいと答えた何人もの人が『チルコロの方が安いんだ』って答えてくれたのが嬉しかったですね。ユーロになって大幅な物価高です。チルコロが、苦しんでいる庶民の手助けになっているってことですからね」

数日後、その「四月二五日」という名のチルコロを探してみた。町はずれの静かな通りに地味な看板が見えた。その細い路地を入ってみて驚いた。

一九五五年とあるから、本当にアルチが生まれた年より古い。そのチルコロは、まるで緑の裏山に見下ろされた小さな村だった。残念ながら、この日は休みだったが、ピッツァ窯のある食堂があり、テニス場があり、真ん中にはバール、小さな広場の椅子には老人たちが腰をかけ、おしゃべりしたり、うつらうつらしたりしていた。

そう言えば、料理研究家の米原ゆりさんが、こんなことを言っていた。子供の頃、姉で作家兼ロシア語通訳者の故・万里さんとともにプラハのロシア語学校で学んだというゆりさんは、ある時、訪日したアルチの代表の通訳を頼まれた。そして、あることにはたと気づいたという。

「本来のレクリエーションという言葉の意味は、ふたたび創造する、であって、仕事が終わって、ふと自分自身に戻った時、その時間をいかに過ごすかによって、もう一度、自らを再生できるか、といった深い意味があるんだと思うの」

レクリエーションと聞けば、日本人は、翻訳の問題もあってか、どうも大勢でダンスしたり、ゲームしたりと、ビジーな集団行動を思い浮かべる。しかし、本来、それは人が人として生き返る時間だったのだ。

仕事から解放されて、ほっと一息つく場。そこで人は、仕事とは違う、コミュニティとのつながりを見出していく。人と人が、遊び心を介してつながっていく場なのである。

そして、アルチの広報青年は、最後に気になることを言った。

「けれど、間違えないでください。チルコロは何もアルチ系のバールだけとは限りませんよ。サークルって意味のイタリア語ですからね。南の島や山岳部のチルコロには、カトリック系のものも多いし、チルコロ・ディ・カッチャトーリ（猟師クラブ）やチルコロ・ディ・ペスカトーリ（釣りクラブ）のように、バールが趣味を同じくする人たちの寄り合い所になっていることも、多いのですよ」

バールを拠点としたイタリアのサークル活動は、まだまだ奥が深そうだった。見方を変えれば、誰も飲み食いなしの寄り合いなど考えてもいないのである。

第二章

バールをめぐる大疑問

CAFFÈ
VINO

エスプレッソとは？

イタリアでコーヒーといえば、エスプレッソである。

近頃は、さすがに訊かれることも少なくなったが、日本のチェーン店でエスプレッソを頼むと、デミカップを差し出され、「お客さま、このカップに半分くらいですけど、よろしいですか？」と念を押されたものだ。おそらく、そのあまりの量の少なさにおののいて、自分は騙されているに違いない、と勘ぐる客がいたとみえる。

そのくらい量が少ないだけでなく、エスプレッソは瞬時にはいる。ペーパーフィルターなどを使うドリップ方式よりも圧倒的に速い。

『エーゲ海の天使』（ガブリエーレ・サルバトーレス監督。原題は『地中海』なのに……）という映画に、ギリシャの島に取り残され、終戦も知らずに数年を過ごした間抜けなイタリア兵たちが登場する。その中である兵士が、火から下ろしてコーヒーの粉がすっかり底に沈むのを、ゆっくり待ってからいただくトルコ・コーヒーに、激しく拒絶反応を示す。

「こんなのは、コーヒーじゃない。コーヒーってのは、ぱっと淹れて、さっと飲むもんなんだ！」

急行列車とエスプレッソをかけたポスター。1922年、レオネット・カッピエロ作

威勢よく注文し、立ったままくいっとひっかけて、さっさと消える。このせわしなさが、イタリアのバールの基本であり、それはエスプレッソという独特のコーヒー文化が生んだリズムだともいえる。イタリアでは急行列車のこともエスプレッソといい、最大の特徴は、まさにその速さにある。

ちなみに『カフェについての小事典』（未訳、リッツォーリ社）を開いてみると、エスプレッソの項に「高圧をかけるエスプレッソ・マシーンは、一九四八年、ミラノのアキーレ・ガッジャによって発明された。それは、あらゆる面で、他のマシーンとは異なっていた。圧力がコーヒーの粉末に含まれる脂質を乳化させ、コロイドを引き出し、きわめて濃厚な迫力のある飲み物に仕上げる。きめ細かなクリームに覆われ、味わいは持続し、非常に香りもよい」とある。

コロイドとは、この場合、水と混ざったコーヒーの微小な粒子のことだそうで、フレーバーを包含し、微妙な触感を与え、コーヒーのおいしさに大きく関わるものらしい。それにしても、小事典のくせに専門的過ぎて、わかったような、わからないような……。

そこで日本コーヒー文化学会編の『コーヒーの事典』（柴田書店）をのぞくと、「エスプレッソ・マシーンにより抽出されたコーヒーで、表面に2～4㎜のクレマ（細かい泡）が浮かぶ濃厚な味のコーヒー。7gのパウダー状の粉を、90℃の湯、9気圧の圧力で、20～30秒で30cc抽出したコーヒーをいう」と、さすが何事にも正確さを期する日本らしい解説。しかし、気圧という実感の湧かない言葉があるせいか、いっそうわからなくなる。

要するに、バールに入って、コーヒーを頼むと、主人は、細かく挽いたコーヒー豆をホールダーにぎゅっぎゅっと詰めて、ガシャッとマシーンに装着。次にシューッと勢いのある音が聞こえてくるが、このわずかの間に圧力でもって、コーヒー豆にさっと熱湯をくぐらせているということらしい。

エスプレッソの速さは、何も客を急きたてるために編み出されたのではなく、あくまでもおいしいエッセンスだけを抽出し、風味と香りを最大限に引き出すための技術なのだ。そのためにイタリア人が発明したエスプレッソ・マシーンは世界を制覇した。

なかでも、パーツの半分を自社で製造していることからメンテナンスがよいという「チンバーリ社」のそれは、八〇パーセントが輸出用で、日本でもよく目にする。今や世界の三分の二のマシーンが、イタリア製なのだという。

しかしそこには、歴史に名を残した前述のガッジャの他にも、ダ・ヴィンチの末裔《まつえい》たちの涙ぐましい努力があった。

ガッジャが画期的だったのは、圧力とともにピストンを取り込んだことだが、一八九五年、アンジェロ・モリオンドが、世界で初めて空気の圧力を利用し、一度に五〇杯のコーヒーを抽出するという業務用マシーンを発明。それを一九〇一年になってルイージ・ベッツェラが一回で一人分に改良したことに始まる、発明と特許をめぐる熾烈な戦いがなければ、今日のマシーンはなかっただろう。

もうひとつは、美しいイタリアン・デザインの力である。

メランコリックな肖像を得意としたアメリカの画家エドワード・ホッパーの作品に、夜のカフェで男女が静かにコーヒーを飲む絵がある。そこに描かれているのは、縦長

エドワード・ホッパーの作品にも登場する縦長のエスプレッソ・マシーン
（"Piccola enciclopedia del Caffe" ＝『カフェについての小事典』より）

イタリアの象徴、家庭用の「モカ」
（"lo sono caffè"＝『私はコーヒー』より）

ジオ・ポンティがデザインしたマシーン
©G.Ponti archievend／S.Lictrg-Milan

で、頂《いただき》に鷲が飾られたオーナメントのようなマシーン。頂には、時に天使、ライオン、勝利の女神が輝いていた（49ページ上）。

一九四〇年代末、これを画期的に変えたのが、巨匠ジオ・ポンティだった。その革新性は縦に長かったマシーンを、思い切って横に寝かせたことだ。そしてカー・デザインの流れるような曲線と、当時、アメリカで流行っていたジュークボックスの安定感とを調合し、クールなかたちを創り出した（49ページ右下）。

二〇一八年、トリノに生まれた、大手の焙煎会社「ラヴァッツァ」の「ラヴァッツァ博物館」や、ガルダ湖のほとりにある中堅「オムカフェ」の「コーヒー博物館」は、事前に予約すれば、マシーンとコーヒーの歴史を概観できるコレクションを見せてくれる。

おいしいエスプレッソのための四つのM

前出の『カフェについての小事典』の中には、こうある。

「高圧による透水は、より甘みがあり、より香りが高く、質のよいコーヒー豆を必要とする。もし、マシーンが明らかに強力で（ポンプが一四気圧以上）、これをきちん

とメンテナンスし、使いこなす技術があれば、そして、コーヒーが焙煎されて間もな

いもので、細かく挽いてあったならば、エスプレッソは間違いなくおいしくなるはずだ」

おいしいエスプレッソの淹れ方は、単純ではない。おいしいエスプレッソのための4Mというのを、バールのカウンターに立って間もない青年が教えてくれた。

① MISCELA（ミッシェッラ）＝ブレンドの仕方
② MACINATURA（マチナトゥーラ）＝豆の挽き方
③ MACCHINA（マッキナ）＝性能のよいエスプレッソ・マシーン
④ MANO（マーノ）＝人間のわざ

総じてコーヒー豆は、熱帯の高地だけに育つアラビカ種の方が、香りが高く、風味もよく、値段も高いとされる。生産量は、全体の六割くらいだ。

一方、ロブスタ種は、低地でもつくれて収穫量も多いが、苦みが強く、風味も劣るとされ、多くはインスタント・コーヒーなどになる。しかし、エスプレッソの場合、より脂質の高いロブスタ種をブレンドすることで、独特の苦みを加え、細かい泡の層

が、香りを持続させる。

イタリアのコーヒー豆輸入国の順位は、ブラジル、ヴェトナム、コロンビア、インドネシアなどで、このうち、ブラジルやコロンビアはアラビカ種だが、アジアやコートジボアール、ウガンダなどからはロブスタ種を買っている。「イタリアは、安い豆をたくさん使っている」と陰口を叩かれるのは、そのためである。

しかし、実際にはロブスタ種も豆の質によって、風味はさまざまで、そのブレンドの加減がイタリアらしさと地域差を生む。ただし、近年はトリエステの「イリー」社を先駆けにアラビカ一〇〇パーセントも増えてきた。

焙煎の仕方は、かなり深炒りだが、それも、北部は軽めを好み、南部は濃いものを好むなど地域差がある。

イタリア各地で、今も一〇〇〇以上の焙煎所が鎬を削っている。それぞれが、秘伝のブレンド法と焙煎の仕方によって、実に多様な独自の味を生み出している。ちなみにコーヒーに含まれる香り成分は、八〇〇近いとも言われる。

イタリアの家庭で愛用されてきた「モカ」（49ページ左下）あるいは「マッキネッタ」と呼ばれる直火抽出器は、近年、「チャルデ」という家庭用マシーンにその座を奪われつつある。それでもバール用の大きなマシーンへの信仰は厚く、イタリア人はマシーンの見当たらないレストランでは、エスプレッソを飲みたがらない。何としても近くのバールへ移動したがる。マシーンの気圧の高さがミソなのだ。

ところが、同じマシーン、同じコーヒー豆を使っていても、淹れる人の腕によって驚くほど味が違うから面白い。だからMANO＝人間のわざが大切。多くのイタリア人は、マイ・バールの中でも、誰が淹れたコーヒーが一番おいしいかを知っている。やっぱり最後は、機械ではなく、人なのである。

仕上げに、おいしいエスプレッソの見分け方。

ポイントはクレーマと呼ばれる表面の細かい泡とその色である。豆によって褐色がかっていたり、焦げ茶色に近かったりするが、へーゼルナッツ色のきめ細かなクレーマが、表面に三〜四ミリの厚さでのっかっていれば、当たりだそうだ。さっそく近所のイタリア風バールで採点してみよう。

イタリア人は、どのくらいコーヒーを飲むのか?

イタリア中で、日に約九五〇〇万カップのエスプレッソとカプチーノが消費されるという。一人あたりで、年間に平均五・三キロ程度。そう聞けば、かなり多いような気もする。だが、世界的に見た場合、実はそれほどでもない。

コーヒーの消費大国は、何といっても北欧である。二〇二一年には、フィンランドが年間で一人平均一二・六キロ、ノルウェーが一〇キロ、デンマークが八・七キロ、スウェーデンが八・二キロと続く。イタリアはというと、前述したように五・三キロである。

ちなみに日本は三・四キロだが、増加の傾向にあり、二〇二一年の総輸入量は、アメリカ、ドイツに次いで三位。イタリアをも上回っている。

ただし、イタリアはアメリカ、ドイツに次ぐ生豆の輸入国で、スイス、ドイツに次ぐ焙煎したコーヒーの輸出国であることを忘れてはいけない。

イタリア人の消費量がさほど多くない理由は、明らかにエスプレッソという特異な飲み方にある。そのデミカップは恐ろしく小さく、そこに注がれるコーヒーの量も半分くらいなのだから。

それなら北欧がどうしてここまで消費大国なのか、とあるバールの主人に質問すると、迷わず、こう答えた。

「そりゃ、当たり前じゃないか。北欧じゃ、まるで巨人のようなマグカップで、朝から晩まで飲むんだ。夕食中にでも、あれでがぶがぶ飲むんだからねえ」

エスプレッソはカフェインが少ないって本当？

両親と旅した時、ローマのバールで一休みし、エスプレッソを勧めると、父親が一口飲むなり、「わあ、何だ、これは。苦いぞ」と毒でも飲まされたかのように眉をしかめた。おおよその見当はついていたが、次なる文句は「濃いぞ」である。察するところ、この「濃いぞ」という表現には、濃いコーヒー、すなわちカフェインが多い、すなわち体に悪いという非難が込められている。

しかし、これこそは、エスプレッソについての最も古典的な誤解である。なんて書くと、まるでイタリアのコーヒー協会の回し者のようだが、エスプレッソは、より薄いアメリカンコーヒーよりも、カフェインの摂取量は少なくて済むという報告がある。まず、イタリアでは深炒りにするからカフェインが飛び、さらに、あのマシーンで抽出すれば、水分の量が圧倒的に少なく、そのためカフェインの抽出量も少ないのだという。普通、アメリカンコーヒーのカップが一五〇〜一八〇mlに対して、エスプレッソは三五〜四〇mlほど、マグカップなら三〇〇mlにもなる。

しかし、コーヒーの量を同じにして比べても、やはり少ないという。エスプレッソに含まれるカフェインの量は、『カフェイン大全』（ベネット・A・ワインバーグ＆ボニー・K・ビーラー著、別宮貞徳他訳、八坂書房）によれば、六オンス（約一七〇グラム）の場合、ドリップ方式（ペーパーフィルターなどを使って抽出する方式）で淹れたコーヒーは一三〇〜一八〇mg、パーコレーター方式（煮沸循環方式）は七五〜一五〇mg、そしてエスプレッソの場合は一〇〇mgという輝かしい結果が出ている。

そこでイタリア人は、「アメリカンコーヒーをがぶがぶ飲むより、うまみのエッセンスだけを抽出したエスプレッソをおいしく飲む方が体にもいい」と胸を張るのだが、一方でこんなデータもある。

「ラヴァッツァ」や「イリー」が発表した一杯のエスプレッソに含まれるカフェインの量は、六五〜九〇mgだが、『コーヒー、神話と現実』（未訳、イデアブックス）の著者によれば、アラビカ種だけにしぼっても、カフェインの量は八四〜九〇mgで、ロブスタ種はアラビカ種の二倍のカフェインを含むから、ブレンド具合によっては倍増する。

一方、アメリカのファストフードで出されるコーヒーは、レギュラーサイズで一五〇〜三〇〇mlだが、コーヒー豆をケチっていることもあって、カフェインの量はだいたい一〇〇〜一四〇mgだという。それなら、一杯のコーヒーで摂取するカフェインの量は、わずかに少ないか、ほとんど変わらないことになる。

いったい、イタリアには、どのくらいのバールがあるのか?

二〇二一年、イタリア飲食協会（ＦＩＰＥ）の最新情報によれば、イタリアでバールやカフェと名のつく店は、全部で一六万二九六四店舗もあるという。

これがどのくらいの数字かといえば、イタリア人約三七〇人に対して一軒くらいの割合である。道理で、どこをうろついてもバールに行き当たるわけだ。

イタリア人の九七パーセントがバールを利用し、コロナ禍前には、約九パーセントが、バールで毎日、朝食をとっていた。バールを使う理由としては、ひと息つく時に利用する、あるいは自宅のそばにあって便利だからと答えている。それだけ生活に密着している。

また、バールが、いかにダイナミックな経済の拠点であるかというと、たとえば「バール・ジョルナーレ」という専門雑誌は、今も一〇万部以上購読されている。ただ、ミラノのキオスクでも、ローマの大型書店でも見当たらない。年間購読のみで、バール経営者とバール関連業者だけを対象としている。

大手の焙煎所やエスプレッソ・マシーンの大手だけでなく、「マルティーニ」や「カンパリ」といったリキュール類の大手、あるいは「アレッシ」などグラスや台所用品の業者、アイスクリームやカクテルのシロップ業者などあまたの業界が、バールの繁栄によって潤っている。

イタリアでも、バールが目立って多いのは、ミラノのあるロンバルディア州で二万四八五九軒。さすがは商業の中心地、モーダ（モード）の聖地。さらにローマのあるラツィオ州の一万五六五二軒。ナポリのあるカンパーニャ州の一万四六二七軒。ヴェネチアがあるヴェネト州の一万二四二〇軒。そして、大学都市ボローニャがあるエミリア・ロマーニャ州の一万一七四二軒。フィアット本社のあるトリノを中心としたピエモンテ州の一万五九七軒……となっている。

二〇一五年からコロナ禍までは、イタリアの南部にはたくさんの観光客が押し寄せ、景気が非常によかった。そのことで、バールの数も全体に伸びていた。

それでも、まだ北イタリアに多いのはなぜか。やはり、商業施設も人口も多いということがあるだろうし、それだけ北がスピード社会だからだという人もいる。

長い歴史の中で、働く者の息抜きはアルコールが中心だった。それが一六世紀、ヨーロッパ全体で飲酒が社会問題となり、折しも東方から伝わったコーヒーや紅茶が、より健康的だと持てはやされた。さらにそれらが、庶民に一気に広まっていくのは、産業革命によって暮らしのリズムがせわしなくなっていった時代だ。

深酒などせず、疲れて眠りこけそうでも、エスプレッソを飲んで頭を切り替えて、とっとと仕事に戻る人が多ければ多いほど、バールも増える、というわけだ。少しせつないが、頷《うなず》ける部分はある。

イタリアのバール業界では、大雑把な分類もある。まず普通のバールが半分を占める。次に煙草や宝くじ、バスのチケットまで扱う「バール・タバッキ」（前述）が多く、その次が、ケーキ屋と合体した「バール・パスティッチェリア」、これにワインバーを兼ねる「バール・エノテカ」が続く。

イタリアでは、高速道路のサービスエリアや駅、空港などを除けば、ほとんどのバールが個人経営だった。ところが、コロナ禍の外出制限が続いたことをきっかけに、資本力のあるチェーン店が増え、一方で個人経営のバールは、五六パーセントに減少したという（一時的であることを望む）。

さらにウクライナ紛争の煽りを受けてミルクや砂糖も値が上がり、コーヒーもまた高くなったとあって、専門家の間では、あと五年でイタリアのバールは五分の一に激減するのではないかという懸念もある。

その一方で、この危機的状況の中、若者たちの地球に優しいバールや、カクテルを極めたバールなど新興勢力が浮上しているのも事実だ。イタリアらしい、人間くさいバールの反撃に期待したい。

誰が最初にバールを始めたのか

バール＝BARという言葉は、もともとイタリア語ではない。英国やアメリカで、二〇世紀の初めから使われ出した言葉だそうで、ワインやカクテルを飲ませる店のことだった。その語源は、客と店の主人を隔てる横木にあり、そのまたルーツは、裁判所のそれだったという。

それでは、イタリアのバールという店の形態はいつ始まったのだろう。個人的には、ポンペイの遺跡にも残る間口の狭いワイン屋辺りが気になるところだ。ワインをなみなみと注いだアンフォラ（古代ギリシャや古代ローマでワインを貯蔵するのに使われた壺）を立て、量り売りをしていた小さな店だが、残念ながら、当時はコーヒーなど影もかたちもない。

一般的には、一八九八年、フィレンツェのアレッサンドロ・マンナレージという男が経営していた食料品店が最初ではないかとされている。

ある日、できるだけ多くの客を店に集めるために、マンナレージは、店内にカウンターをつくり、コーヒーを立ち飲みさせることにした。ただし、その頃はまだバールとは呼ばれていなかった。カフェで半日でもだらだら過ごすことに慣れていたイタリア人たちは、この店を「カフェ・リッティ」=立ち飲みコーヒーと呼んで面白がった。初めは、奇異の目で見られた立ち飲みコーヒーも、やがて人を集めるようになり、商売繁盛。こうして、イタリア中に立ち飲みカフェが広がり、バール文化の源になったと言われているが、残念なことに、この店はもう残っていない。

立ち飲みエスプレッソの値段は、なぜ安くて一律なのか?

立ち飲みのエスプレッソとカプチーノの値段が、安くてほぼ全国一律というのは、イタリア最大のカルチャーショックだった。

そもそもは国が法律で上限を定めていたというのだが、先のシルビオ・ベルルスコーニ政権の時代、その法律は、地方自治体の管轄に変わった。公益事業連合の会長トゥリオ・ガッリ氏によれば、バールの店内の、客からよく見えるところにきちんと値段が表記してさえあれば、立ち飲みコーヒーの値段をいくらにしてもかまわないことになったのである。

そうなれば、地方によって、高いところと安いところ、格差が生まれても仕方ないだろう。

「そうだね、地方によっては高いところもあるし、安いところもあるよ。商売する側の自由も大切だからね」と淋しい返事。やはりそうかと、がっかりしながら、二〇二二年のデータを調べてみると……

トリノ　一・一七ユーロ（一七六円：以下すべて一ユーロ＝一五〇円で計算）
ミラノ　一・〇九ユーロ（一六四円）
フィレンツェ　一・一二ユーロ（一六八円）
ベルガモ　一・〇四ユーロ（一五六円）
リミニ　一・一六ユーロ（一七四円）
ナポリ　〇・九〇ユーロ（一三五円）
パレルモ　一・〇三ユーロ（一五五円）

ほとんどそろっているではないか！

ちなみに、ローマでは〇・八六ユーロ（一二九円）、住民の七割がドイツ語を話すアルプス地方のトレントが最も高くて一・二五ユーロ（一八八円）、失業率も高く、低所得者も多く、したがって物価も安いシチリア島のメッシーナでは〇・八九ユーロ（一三四円）。こうして割り出したイタリアの平均は、一・〇五ユーロ（一五八円）。

自由競争の中に放たれながら、地域差は最大五九円に留まっている。

毎日、エスプレッソを飲むイタリア人にしてみれば、大きな違いなのかもしれないが、日本円で約一三〇円から一九〇円は、やっぱり安い。

念のため、EU諸国と比較すると、コーヒー一杯の値段はデンマークでは五・二〇ユーロ（七八〇円）、ノルウェーでは四・七九（七一九円）、オーストリアが三・五四ユーロ（五三一円）、そして日本は五一二円だそうだ。やはりイタリアは安い。

それにしても、なぜ安いままなのか。

どうもそこには、一杯のコーヒーを飲むのは、どんな人にも平等に与えられた基本的人権であるという考え方がありそうだ。ユーロ物価高の二〇〇四年、たとえばパレルモでは、自治体が商工会連合や自治体を集め、コーヒーとブリオッシュの朝食を約一ユーロ（一五〇円）に統一しようと呼びかけている。ちなみに、当時ローマは一・三ユーロ（一九五円）、ミラノは一・四ユーロ（二一〇円）。これはバールの経営者も合意の上である。質にも口を出す。だいたいどの自治体でも、七グラムは豆を使わないとエスプレッソと呼べないことになっている。

実際、イタリアでは、エスプレッソ一杯の値段が、暮らしのバロメーターになっている。

フィレンツェやボローニャで、ホームレスたちが自ら製作した薄い新聞を街頭でよく売っているが、どのくらい払えばいいのかという目安は、「エスプレッソ一杯分」だ。売っている当人も、「コーヒー一杯分でいいですよ」と手を出す。

やはり、一杯のコーヒーが高くないということは、人間らしい暮らしを保障する社会の基準であり、イタリアの地方自治体はなかなかやるじゃないか、ということになる。

たとえて言うなら、日本中の食料品店、和菓子屋や米屋にちょっとしたカウンターがあって、ちゃんとした煎茶を一杯一〇〇円くらいで飲めるという世界である。

もっとも緑茶文化は、立ち飲みなんて味気ないと認めないだろうから、別のかたちを編み出さなければならないだろうが、自動販売機のペットボトルよりは風情があるだろう。

差し迫った問題はコーヒーだけでなく、ミルクや砂糖、光熱費の高騰。経営者の幸せな暮らしがあってこそのバール文化だが、せめてひと息つく時のコーヒーくらい、おいしくて安くというこの基本的人権、何とか日本でも行使できないのだろうか。

イタリア人は、インスタント・コーヒーを飲むのか?

「イタリア人がインスタント・コーヒーを飲むなんて、もう本当にこれしかないという状況に追い込まれない限りありえないわ。キャンプに行っても、わざわざ近くの村に遠征してまでバールのコーヒーを飲もうとするほどだもの」と友は言う。

実際、おしゃれな男女が、朝から大聖堂を眺めながら、インスタント・コーヒーを飲む光景には、いまだお目にかかったことがない。

ほとんどの家庭には、前述のように「モカ」と呼ばれる家庭用コーヒー・メーカーがあり、これで淹れるエスプレッソを味わっている。

「モカ」は、一九三三年、アルフレッド・ビアレッティが特許を申請した八角形のアルミ製のコーヒー・メーカーが圧倒的なシェアを占める人気(49ページ左下参照)。なんと九割ものイタリア家庭で使われてきたビアレッティの「モカ」は、イタリアのイコン(象徴)とさえ呼ばれてきた。しかし、九〇年代に登場した「チャルデ」と呼ばれる家庭用マシーンが普及し、そこから豆や産地を気にかける層が増えたと言われている。

カプセル・コーヒーの市場をこつこつと育ててきたのはネスレである。二〇〇〇年、ドイツの大手家電メーカーKRUPSと提携してからは広報にも力が入った。自宅時間が増えた二〇二一年には、地域差もありそうだし、にわかには信じがたい数字だが、カプセル・コーヒーを使う家庭が、イタリアでもついに三割を超えたとも言われている。いったい何が起こったのだろう?

調べてみると、二〇一二年、トリノの老舗焙煎所ヴェルニャーノが、ネスプレッソの家庭用マシーンにも対応できるカプセル・コーヒーを販売し、ネスレに訴えられた。多国籍企業を苛立たせたセールス・コピーは、〝オルターナティヴはある。イタリアのおいしいコーヒーが、スーパーで買え、自宅で楽しめます〟だった。この裁判でヴェルニャーノが勝ったことで、多くのイタリア企業がカプセル・コーヒー市場にどっと参入し、売上を伸ばしたからだった。

なかなかどうしてしたたかである。

バリスタとバールマンは、どう違うのか?

バールでコーヒーを淹れる人のことを、「バリスタ」と呼ぶ。ムッソリーニ政権だった戦時下の一九三九年から四〇年にかけて、敵性語である英語を使うことが禁止された。そのため、バールマンという言葉が使えず、苦し紛れにイタリア語化された造語がバリスタなのだという。

私は長いこと、バールマンという英語に比べて、よりイタリア化したバリスタの方が格が高いのかと信じてきたが、そうとも限らないことがわかった。

イタリア・バールマン協会の広報部長を務めていたアンジェロ氏(第四章参照)は、こう話してくれた。

「バリスタと言ったら、普通のバールで働く人というイメージですから、私どもは、バールマンと呼んでほしいですね。経験を重ね、何でものを知っている人間というニュアンスが出るのです。バールマンの方が尊厳がある。ホテル組織の中では、二つは厳密に違うものなんですよ」

もうひとつ、「バンコニスタ」という呼び方もある。カウンターのことをイタリア語では「バンコ」という。そのバンコにいつも立っている人という意味なのだろう。

「バンコニスタとなると、私のイメージでは、カウンターで生ハムを切って、パニーニをつくるおじさんという感じですね」

バールマン協会の広報としては、あくまでも、カクテルに通じ、いかなる注文にも対応できるプロ中のプロこそが、バールマンということらしい。

しかし、私の見るところ、バリスタにもバールマンに勝るとも劣らないプライドがある。夜より朝、カクテルよりエスプレッソの淹れ方のウエイトが高いのが、バリスタだろう。

バリスタ協会には、ミルクの泡でハートなどさまざまな絵柄を描くデザイン・カプチーノや、シェーカーを使ったデコラティブで遊び心のあるコーヒーを主体としたアレンジ・ドリンクを競うバリスタのワールドカップまであり、凝《こ》り性《しょう》な日本人は、さっそく実力を発揮している。

また、そのどちらにも乗り切れていない田舎町のごく普通のバールの主人は、アンジェロ氏に言わせれば、バンコニスタの典型となるのかもしれない。しかし、彼らは、長年の付き合いから客と地元に精通しており、一国一城の主《あるじ》たることにも限りない誇りを持っている。それに手作りのパニーニへのこだわりも大切だ。やる気のない店だけはいただけないが、案外と私も愛着が深い。

結局、肩書きではなく、気の持ちようなのだろう。

イタリア人と「スターバックス」

その昔、銀座に「スターバックス（スタバ）」が登場した時、ちょうど訪日していたガンベロ・ロッソ社の社長、ステファノ・ボニッリ氏が、ぼそっと呟いた。

「そのうち、イタリアにもスターバックスが攻め込んでくるんだろうなあ」

二〇二一年秋の時点で、世界には三万三八三三軒の「スターバックス」がある。発祥の地、米国には一万六〇〇〇軒、中国や東南アジア諸国とともに日本は大きなマーケットで、一七〇〇軒弱がある。

なぜ、ボニッリ氏が、そんなことを言ったのかというと「スターバックス」は、そもそもイタリアのバールにインスピレーションを受けたものだからだ。イタリア風の本格コーヒーが飲めるというのが売りだった。

その出発点は、一九七〇年代、シアトルの三人の大学生がつくった小さな焙煎所にある。文学好きの彼らは、メルヴィルの『白鯨』に登場するコーヒー好きの航海士（スターバック）にあやかって、名づけた。それは当初、国内のインスタント・コーヒー会社が巨大化する一方、アメリカでにわかに火がついた高品質コーヒーの流れに与《くみ》していた。

八七年、すでに売りに出されていた「スターバックス」を買い取り、これを世界ブランドにしたのは、八二年に同社に店舗開発とマーケティング部門の役員として入社し、八五年に創業者たちとの意見の対立から独立したハワード・シュルツだった。

彼は、八三年、社命でイタリアの見本市に出かけた。そして、ヴェローナでカフェ・ラッテを口にした時、彼によれば「まるで神の啓示のようだった。あまりに突然で、私は激しい衝撃を受け、身体が震えた」(マーク・ペンダーグラスト『コーヒーの歴史』樋口幸子訳、河出書房新社)のだという。

帰国した彼は、エスプレッソ・バーの出店を提案し、これを任される。その後独立し、「イル・ジョルナーレ」というイタリアの新聞の名にあやかった店を出した。

秀逸だったのは、イタリアのせわしないバールより、もう少し落ち着いて飲める空間をつくり、アメリカ人の味覚に照準を合わせた(ミルクたっぷりでマイルドな味)ことだった。こうして、カフェ・ラッテは、〝カフェラテ〟に変容し、人気を博した。

八七年、なかなか覚えてもらえない「イル・ジョルナーレ」の名を捨て、六つの店と焙煎工場を買い取り、「スターバックス」の名で再スタートしたシュルツは、フランチャイズの専門家を引き入れ、従業員には二五時間の研修でマニュアルを叩き込んだ。そこから世界戦略が始まる。

やがて、エチオピアの豆を市場価格の二三パーセント増しで購入するというフェアトレード・コーヒー（後述）も手がけていたのに、シアトルで反グローバリストの殴り込みを受ける巨大チェーン店へと成長していった。

こうして二〇二一年の時点で、東京には三九四軒、ソウルに二八四軒、サウジアラビアやヨルダン、オマーン、上海にまでも広がった。

さて、ボニッリ氏の呟きからほぼ一〇年、イタリアにスタバは店を出したのか。二〇一八年まで、飛ぶ鳥を落とす勢いだった〝世界〟のスタバは、この国に一軒もなかった。

このグローバル化の時代に、そんなことがありうるのか。世界中の子供たちが、同じようなテレビ番組を観て、同じような広告に目を奪われ、同じようなインターネットの情報で暇をつぶすこの時代に、いったいどうしたことなのだろう。

まじめな読者には、ゆめゆめお薦めできないお間抜け映画『オースティン・パワーズ・デラックス』（マイク・マイヤーズ主演、一九九九年）の冒頭でも、世界制覇を狙うドジな悪党、ドクター・イーブルが会議を開くタワーには、でかでかと「スターバックス」の広告が輝き、会議室の後ろにはあの緑の看板が半分見えている。悪の〝ナンバー2〟(役名)が、コーヒー・カップを手に、けたたましい声で「うまい!」と叫び、やおら「その昔、私たちが出資したシアトルの小さなカフェが、今や世界中に広がり……ここで投資すれば五倍の儲けが……」と提案する。映画は、コーヒーで世界制覇を目論む同社を茶化しているようで、あまりの露骨さについ笑ってしまう。

これならまだ愛嬌もあるが、メグ・ライアンとトム・ハンクスが共演した恋愛もの『ユー・ガット・メール』(一九九八年)などでは、主人公たちが、うんざりするほど〝スタバ〟を手にしてうろうろし続ける。

これほど莫大な広告費を投じながら、「スターバックス」が啓示を受けたというコーヒーの聖地イタリアには、その名前すら知らない人が多い。日本人と同じで、英語がからきし苦手ということもある。

これを経験済みの〝国際派〟の評価も厳しい。

その一人、中堅の焙煎所のオーナー、アルベルト・ヴェラーニ(第五章参照)などは「ニューヨークで一度だけ飲んだことがあるよ。あれは泥水だよね。ちっともうまくないから、イタリアに進出するのは難しいんじゃないかな」と辛辣《しんらつ》だった。

しかし、シュルツは、「イタリアへ戻ることは、常に私の夢です」と公言しながら、虎視眈々《こしたんたん》と進出を狙っていたのである。

なぜイタリアに進出できずにいるのか。専門機関にしっかり問い合わせてみようと、イタリア飲食協会に手紙を書いてみた。すると、まもなく、秘書のマリア・コンチリア・ソッレント女史から、こんな丁寧な返事が届いた。

イタリアには、スターバックスの支店はございません。と申しますのも、あのような規模の企業が、私どもの国に投資をする意味がないという事情によるものでしょう。

つまり、こういうタイプの企業は、その過程においても、商品そのものについても、正確で厳しいマニュアルに従って生み出されたものであり、どうしても、スタンダードなものにならざるを得ないわけです。

私どもの国は、食べ物との関係をとりたてて大切にする社会です。それは同時に、食品とレシピの多様性、そして伝統とのつながりを極めて大事にしており、そのことが、世界におけるイタリア料理の価値を高めているのです。

チェーン店の融通の利かなさは、こうしたヴァラエティに富む世界には馴染まないものです。チェーン店のマニュアルが、この国においては必要不可欠なイタリア化という〝汚染〟を受け入れない限り、難しいでしょうね。
たとえば、マクドナルドが、そのメニューの中にパスタやピッツァ、大きめのサラダといったイタリアの伝統料理のメニューを少しずつ加えていき、さらには、それを世界の他の地域にまで紹介していったようにです。
スターバックスに限っていえば、イタリアにないもうひとつの理由は、私どもの国には、無数のバールがすでに存在していますし、彼らが経済的に潤えるような隙間が見当たらないということもあるでしょう。唯一、進出してくるとすれば、すでにあるバールを買収していくことしかないのでしょうが……。

一抹の不安を匂わせながらも、強気だ。郷に入《い》っては郷に従えもまた、健在である。

しかし、うがった見方をすれば、こんなこともある。

ヘラルド・トリビューン系の「ビジネス・アジア」（二〇〇六年一〇月二五日付）によれば、スターバックスは、中国で一九〇軒のチェーン展開をしていたアウトレットを買収した上に、二〇〇八年の北京オリンピックまでに中国での開店を加速し、世界中で三万店舗まで増やすことを宣言していた。

要するに、中国という、コーヒー文化にはうぶで、しかも、かつての日本のように食生活の西洋化が劇的に進もうとしている巨大で魅力的なマーケットを前に、小さくて頑固なイタリアになどてこずっていられないというのが実情だろう。

強気なマリアは、文末に「ローマに来たら、おいしいコーヒーをご馳走しますね」とも書いてくれた。

イタリア上陸に苦節三五年

さて、ご想像の通り、これには後日談がある。二〇一八年、スタバはついにイタリア上陸の夢を果たした。二〇二三年の春時点で一七軒だが、観光の回復とともに半島各地への出店を広げるとの声明を発表した。

いったい、誰が誘致したんだろうと思って調べてみたら、アントニオ・ペルカッシという元サッカー選手の実業家で、高級下着のヴィクトリア・シークレットやナイキ、グッチのイタリアでのチェーン展開も手がけている企業だった。

イタリア第一号店のスタバは、上海、香港、ドバイ、東京にもある高級なロースタリーだというので、翌年、さっそく、覗きに行ってみた。まあ、こういう物見遊山の客も多そうだし、どうせ観光客ばかりだろうなと思いきや、開けてびっくりである。イタリア人たちもかなりいて、混み合っているではないか。

ヨーロッパで最大の広さを持つ店舗らしい。しかも歴史的建造物の中には、誰かが〝コーヒーの遊園地〟と呼んだのも頷ける、まるで映画のセットのような派手な銅色のインテリアに大理石の人魚。

東京と違って、古典的で重厚な建物ばかりの都市の住民には、何だか解放感があって楽しかったのだろう。それに、いまどきの若者たちには、地域密着型のバールと違って、適度にほっといてくれる距離感が居心地がよいらしい。

2018年9月7日、イタリア第一号店のスタバ（ミラノ）の開店初日に並ぶ人たち　写真：ロイター／アフロ

調べてみると、シュルツが出張に出かけたイタリアでバールに感動し、この経済モデルを何とか自国で展開しようと閃《ひらめ》いてから、実に三五年の月日が経っていた。そ

して、その夢を一気に叶えたのは、グローバル化の申し子のような一起業家だけの力ではなかった。そこには、もっと大きな力学が働いていた。

その頃、スタバは、食品業界の大手ネスレと商品の永久販売権を売却する契約を結んでいた。ハリウッドスターを起用した洒落たCMで、イタリアにカプセル・コーヒー文化を根づかせてきたネスレは、インスタント・コーヒー業界の最大手であるだけでなく、業務用も手がけ、そのシェアは世界一である。何ともわかりやすい構造である。

イタリア第一号店のスタバの店内の様子　写真：ZUMA Press／アフロ

一方で、スタバが上陸に苦労したのも事実だった。その前年、ミラノのドゥオーモ広場での、ヤシとバナナの木を植える長期のインスタレーションを後援したところ、右翼政党のサルヴィーニに「おさるとラクダが足りないだけで、まるでイタリアの〝アフリカ〟化だ。不法滞在者ならもういるがね」と嚙みつかれた。これはスタバが、三〇〇人の雇用創出と移民たちを積極的に雇うと宣言したことへの皮肉でもあった。

スタバ進出はイタリアへのよい教訓？

グルメ雑誌「ガンベロロッソ」の評論家は、スタバの進出は、味も、対応も劣化していた国内のやる気のないバールへのよい教訓になると呟いたが、ある専門家は、スタバは、並みのエスプレッソを基調にシロップとミルクを大量に使ったアメリカ好みの甘い飲み物を世界展開するモデルに過ぎず、恐れるにはあたらないと強気だった。中には、「イタリア人として、本国へのスタバの進出は屈辱的だと考えている」とまで書いた新聞記者もいた。

しかし、農業経済に通じたジャーナリストのルチアーノ・カポーネは、長年、スタバがイタリアになかったことは、「私たちのバールでの仕事の生産性が高く、コーヒーの質がよく、低価格であること」と同時に「それが小さな家族経営のビジネスの典型例であり、職人から管理者への移行に苦労していること」を同時に示していたと指摘した。そして、スターバックスの上陸は、イタリア経済の構造的な問題について考える機会を与えてくれるだけでなく、シュルツが繰り返し口にする「謙虚さ」は、イタリア人へのよき教訓でもあると皮肉った。

さらに彼は、近い将来、スターバックスは、イタリアから、おいしいエスプレッソやカプチーノを学ぶことだろう。だが、果たしてイタリアは、スターバックスから、グローバル・チェーン店を生み出す方法を学ぶのだろうか？　という問いを投げかける。

それから、短い評をこんなふうに結んでいる。

〝最終的に、世界の他の国々は、コーヒーやピッツァが、スターバックスやピザ・ハットのそれではないことを見出すことになるのではないだろうか。〟

イタリアの老舗バールには、アジアや中東へ積極的に進出し始めたところもある。チェーン展開というビジネス・モデルを取り込み始めたバールや焙煎所も明らかに増えた。

けれど、その一方で、地域性や社会性を掘り下げ、ブレンドやカクテルの技、エコロジーを極めるといった個性豊かな方向への進化を遂げることで生き残りを図る小さなお魚、いや、バールも、続々生まれている。危機的な状況下でこそ、新しい発想や眠っていた想像力は開花する。そんなわけで、また旅をするのが楽しみになってきた。

第三章

わがままな注文が、ファンタジーを育てる

二〇〇通りの注文ができるわけ

ある時、イタリアの友が、「バールの注文の仕方は約二〇〇通りある」と教えてくれたが、長年、私は、どうも眉唾《まゆつば》ではないかと底意地悪く疑ってきた。

きっとそれは、エスプレッソひとつを注文するにも、「カフェ・ノルマーレ」なら、普通のエスプレッソ、「マッキアート」といえばミルクを少々垂らしたもの、「リストレット」ならさらに少なくて濃いもの、というふうに、自分の好みに合わせた注文ができるということを言っているのだろう。しかし、長いことイタリアに通って、懸命に指を折って数えてみても、せいぜい三〇通りほどにしかならない。やっぱり、ちょっとばかり誇張が過ぎるのではないかと訝《いぶか》しがっていたのである。

ところが、最近、バールマン協会の人に話を聴いて、やっと腑に落ちた。コーヒーばかりに囚《とら》われて、バールの棚に並んでいる色鮮やかなボトルたちのことをすっかり忘れていた。少なく見積もっても五〇種は下らないあのアルコール類を加えれば、そりゃ、二〇〇通りくらいの注文はありうる。

観光地や都会なら、カクテルは切りがないほど覚える必要があるだろうし、なかにはコーヒーに、グラッパやコニャックを落としてほしいと注文する客だっている。

その上、イタリアには、ケーキ屋だけじゃなくて、ジェラート屋とドッキングしたバールも多い。こういう店では、暑い夏の晩に、ヴァニラのジェラートに淹れたてのエスプレッソをかけた「カフェ・アフォガート」が楽しめたりする。甘いエスプレッソに、ジェラートが溺れて（アフォガート）いるのである。

二〇〇六年の夏、久しぶりにアフォガートが食べたくなって、フィレンツェの「ヴィヴォリ」に寄ってみた。

「ヴィヴォリ」は、サンタ・マリア・デル・フィオーレ大聖堂の裏の路地にある老舗だ。観光客にもよく知られているが、地元の常連も多い。

この街では、何年か前、シニョーリア広場のダヴィデ像が見下ろす一等地に「ハーゲンダッツ」が鳴り物入りで店を開けたが、ジェラート発祥の地イタリアの壁は厚かったのかまもなく閉店し、今は、豆乳ブランドを足がかりに、スーパーの棚へ進出し始めた。

手作りジェラートは手間もかかるし、味のよさで名を馳せる店の多くは、バールの経営までとても手がまわらない。それだけに、この「ヴィヴォリ」のような、両方が楽しめる店は珍しく、二代目の女主人がいる時は、フィレンツェでも一番というくらいのエスプレッソが飲めるという評判だった。

ミラノのゲッティ財団（文化財修復などを手がけるアメリカ系富豪一族の文化財団）なども、大切な客を招いた晩餐には、わざわざ、この女主人を呼び寄せてまでジェラートを振る舞ったりする。

クリントン元大統領は、かつて、エアフォースワン（大統領専用機）でフィレンツェ空港を飛び立つ直前に、やっぱり土産にチョコレートアイスが欲しくなったと、空港まで持ってこさせたという逸話を残している。

その女主人の週末のプライベート・パーティに呼ばれた友人などは、ランチに供された生ハムといちじく、それにいちじくのジェラートの薄い層を重ねたサンドイッチの味が今も忘れられないとうっとりしてみせた。

残念ながら、その晩、噂の女主人はヴァカンス中だった。これまた、イタリアのバールにはありがちなことだったが、代わりにお母さんと雇われの若い女性が店番をしていた。さっそくカフェ・アフォガートを頼んだ。そのヴァニラのジェラートは濃厚にして舌に滑らか。これがコーヒーの香りとほのかな苦みを引き立て、ああ、至福。文字通り、そのおいしさに溺れそうになっていると、そこに勢い込んで入ってきたイタリア人の青年が、想像を絶する注文をし、現実の岸辺へと引き戻した。

「ねえ、頼むからさ、三色旗の色（赤、白、緑）を使った、元気が出るようなジェラートのカクテルをつくってくれないかなあ。ジンベースがいいな」

そう言えば、ちょうどその晩は、イタリアがワールドカップの優勝をかけて、宿敵フランスと対決する決勝戦の日だった。

さあ、どうするんだ、と見守っていると、頼まれた方の若い女性は動じる気配すらなく、あいよっとばかりに任務を遂行し始めた。

まず、長いカクテルグラスの底に薄緑のいちじくのジェラート、それからヴァニラ、最後にバラ色をした野いちごのジェラートを重ね、三色旗に見立てた。その上からジンとスプマンテを合わせたものを静かに注ぎ込み、スプーンを添えた。

すると、満足げにこれを受け取った青年は、あっという間にぐちゃぐちゃに混ぜて飲み始めた。

「あらら、すぐ混ぜちゃったのね。でも、野いちごを多めにしといたから、混ぜても嫌な色じゃないでしょう?」

「ああ、これは、勝つためのまじないだから。でも、うまいよ」

結局、その晩、口汚い挑発に躍らされてジダンは暴走し、イタリアが優勝。開催地のドイツに遠征した応援団は、「さあ、モナリザも返せ!」と書いた垂れ幕を掲げてはしゃぎまわり、ルネサンスの都には、一睡もできないほどの花火と爆竹と車のクラクションが夜通し鳴り響いた。

それにもまして、私の安眠を妨げたのは、この〝無茶やがな〟という注文がまかり通るバールについての考察だった。

想像を絶するわがままな注文。客に与えられた権利は、メニューに印刷された注文だけだと考えれば、これほど迷惑なことはない。しかし、これがあっさり受け入れられるとなれば、話は違う。それはもう、わがままであることをやめて、ファンタジーの領域に入っていく。予期しない注文が、想像力をかきたてる。いうなれば、わがままな注文が、バールのファンタジーを育むのである。

一方、どんどんマニュアル化されていく職場では、想像力や新しい着想はやっかいものとして排除されていく。どうやら、そろそろ脱マニュアル化によって、想像力を守る必要が生まれてきているようだ。

イタリアのバールをかたちだけ擬したチェーン店が、世界中に増えてきた。けれど、イタリアの社会で育まれてきたバールとの一番の違いは、こんなわがままな注文ができないという点にある。

私は、最近も、あるチェーン店でマッキアートを頼んだ際に、ちょっとした抵抗を試みた。日本では、当たり前になっている植物油に乳化剤を加えて白濁させたコーヒー・フレッシュは要らないなと、思い切ってアルバイトの青年に「これじゃなくて、その奥にある本物の牛乳を少しだけ垂らしてくれませんか」と頼んでみたのだ。しかし、青年は、困ったという表情を浮かべたまま、店長に訊きに行って、ほどなく戻ってくると「それはできません」とだけ答えた。

明らかに、私はただの迷惑でわがままな客にされてしまった（だったら入らなきゃいいのに、という読者の呟きも聞こえてきそうだが……）。てきぱきとよく働き、文句も言わずに接客するアルバイト君に決定権などなく、マニュアル通りの店長も例外はすべて却下。規格外の注文をした私はルールを守らない困った客だった。わかっていても、どこかうら淋しいイタリア風バール。ちなみにスタバでは、このわがままは通る。

けれど、せかされている気配にも強靭《きょうじん》な心で耐え続けるならば、日本のチェーン店は、本を一冊さえ読めるありがたい空間でもある。ある種、砂漠にオアシス的な居心地のよさはある。日本人は、元来、まじめで人当たりもいい。それでも、イタリアのバールらしさにこだわる理由は、そこには、自分で考え、フレキシブルに自分で判断を下せる人間が真ん中にいるからである。

コラム2　独断的バールのすぐれもの

スプレムータ（生ジュース）

旅行中は、ビタミンが不足しがち。その点、イタリアのバールでは、フレッシュジュースを飲めるからありがたい。オレンジが定番だが、レモンを混ぜたりできる店もある。エスプレッソと違って安くはないが、南部の産地に近づくほどに量はゴージャスになる。

残念ながら、近頃、既成のジュースしかないバールも増えた。空港や駅などでは、洗って放り込むだけの全自動搾り器が普及し、輸入品など形のそろったものしか搾れず、味も落ちた。

回転する搾り器に半分にしたオレンジを手で押さえつけるタイプや、アルミの搾り器に挟み、むぎゅっと押すスローなタイプは期待できる。サングイーニョ（タロッコ）オレンジは、真っ赤でほろ苦い。自販機大国の日本も道の駅くらい搾り器を増やしてほしいな。

カモミッラ

沈静効果があり、安眠できるというカミツレの花のハーブティー。しかし、イタリアのバールは、ようやく最近、お茶文化に目覚め始めたところだから、もし、きちんとお茶っ葉をティーポットに入れて出してくれたら、それは奇跡と呼んでいい特別な店である。カモミッラもティーバッグで出されることを覚悟しなければならないし、夏には、ピーチやレモンのわざとらしい香りがついた紅茶がよく売れている。

水！——ガス入り、ガスなし

ごく希に、エスプレッソを頼むと自動的にグラスの水がついてくる店もあるが、普通は、自分で頼まなければならない。普通のミネラルウォーターなら、「アックア・ミネラーレ」。夏に喉をしゅわっとさせたい時には、「アックア・コン・ガス」＝ガス入り。

いかにも貧乏旅行ですといった風体で、「アックア」とだけいうと「ディ・ルビネット？」と水道水をわざわざ入れてくれて、お金をとらないこともある。「アックア・エ・メンタ」は、ミントのシロップを加えたガス入りミネラルウォーターで、かなり昔から伝わる夏の飲み物。

ブリオッシュ

コルネットとも言う。フランスのクロワッサンに似た、しかし甘いパン。あんずジャム入り、カスタード入り、チョコクリーム入り、何も入っていないものなどがあり、イタリアの朝食の定番。自家製のおいしいブリオッシュを出す店を地元の人はよく知っているので、人の流れをよく観察しよう。

やる気のないホテルの朝食では、食べない方がましというものもあるし、大観光地のバールなどでは、温めるだけの冷凍品もよく普及している。こういうブリオッシュは甘い香りばかりが不自然に強く、弾力と物量に欠け、口に淋しさが残る。

いわゆるパニーニ

地方によってパンの種類も多様である。アラブ経由でフォカッチャ（生地にオリーブオイルを加えたピザの原型とも言われる平たいパン）が発達したリグーリア地方や、小麦粉の風味からして違うパンの聖地プーリア州やシチリアなどは、これが楽しめる。

パニーニというのは、ハムやチーズ、野菜を挟んだイタリア風サンドイッチ。つくり置きよりも、その場で、生ハムや地元のサラミ、モッツァレッラとトマトなど自分の好きなものを指さして、つくってもらうスローな店がやっぱりおいしい。

トラメッツィーノは、三角形の食パンのサンドイッチ。生まれたのは、トリノのカフェ・ムラッサーノで、名づけ親は詩人のダヌンツィオらしい。よくツナやほうれん草の卵とじなどを挟むが、あまりおいしいものに出会ったためしがない。そこで「リスカルド？」＝「温める？」と言われたら、必ず頷くようにしている。すると、焼き目のつく鉄電熱器で縮むほど温めてくれる。

コラム3　私だけのコーヒーを頼もう！

カフェ（より正確な発音は〝カッフェ〟）

イタリアでは「ウン・カフェ・ペルファボーレ！」とお願いすれば、エスプレッソが出てくる。しかし、近頃は、外国人には濃いエスプレッソ文化に馴染まない人も多かろうということか、「カフェ・ノルマーレ？」（本当に普通のエスプレッソでいいの？）と聞き返すバリスタもいれば、空港で何も訊かずに「カフェ・ルンゴ」（後述）が出たこともある。指で量の少なさを表現するなど、くどいほど訴えた方が無難かもしれない。もちろん「エスプレッソ」と注文してもまったく問題ない。

リストレット

濃縮したエスプレッソの意。イタリアの濃くて苦いコーヒーが苦手な人には、驚異かもしれないが、ナポリなど南部には、きゅっと香りとうまみのエッセンスだけを集めましたという感じのエスプレッソを好む人が多い。技術的には、豆の量は同じか、一グラムほど多めで、豆の挽き方をさらに細かくしてある。こうなると、まさにデミカップの底にへばりついているほどの量で、ほぼ一口で終わる。「カフェ・コルト」＝短いカフェという言い方もできる。

カフェ・マッキアート

マッキアートとは、「染みのついた」という意味で、何で染みをつけるのかといえば、ミルクである。こだわる人は、「マッキアート・カルド（温めたミルクを入れてね）」と強調する。ということは、「マッキアート・フレッド（ミルクは温めなくていいから）」という人も確かに何度か見た。ごく最近、ある知人から、「ティエピド（ぬるめ）」を要求したイタリア人の目撃情報を得た。これで猫舌さんも怖いものなし。

ラッテ・マッキアート

カフェ・マッキアートの反対。牛乳が主体で、これに染みをつけるほどのエスプレッソを垂らしてくださいという感じになる。カフェ・ラッテより、ずっと牛乳の量が多く、普通はグラスで出される。学生時代の旅のバールでの一休み、これが栄養補給源だった。さらにブリオッシュでも頼めばかなりお腹にたまる。なぜか決まって生ぬるい。

カフェ・コン・パンナ

〝世界の〟「スターバックス」で、「カフェ・コンパナ」と新種の草食動物のように呼ばれているあれだ。パンナというのは、生クリームのことで、コンは英語のウィズにあたる。生クリームをホイップしたものがのっかった、ウィンナー・コーヒーの盆栽サイズのようなもの。ココアパウダーを振りかけるのが慣習。

カフェ・ルンゴ

ちょっと踊り出しそうな名前だが、ルンゴは「長い」という意味。要はお湯を加えてのばすのである。風味が落ちるので、私は頼んだことがないが、知り合いが「カフェ・ルンゴ・ペロ・アックア・カルダ・ア・パルテ！」と呪文のような注文をした時には驚いた。エスプレッソをお湯で薄めたいが、それは別に出して、自分で調節するから、という感じ。豆を荒く挽いて薄めに淹れる店もある。「カフェ・アメリカーノ」と書いてある店も増えてきた。

カフェ・ドッピオ

ドッピオはダブルのこと。あの濃いエスプレッソを二倍の量飲めて、カップを一杯にできる。高速道路のサービスエリアや空港ではすっかりお馴染みのチェーン店「アウトグリル」のカウンターなどでは、睡魔ときっぱりおさらばしようと、これを注文するドライバーたちの姿をよく見かける。ただし、カフェインの量が二倍、マシーンに仕込むコーヒー豆の量も二倍なら、料金も二倍。

カフェ・デカフェナート

二〇世紀初頭、ドイツで発明されたカフェイン抜きコーヒー。正直、私には、子供ビールや臭わないニンニク同様、存在意義が感じられない。友人たちが、バールに寄ろうぜと盛り上がる。だが、バールは朝からもう三度めで、エスプレッソがまだ胃の腑にひっかかっている。そんな時、飲んだふりだけしようと、お付き合いで注文したことはあった。

ちなみに、長くオランダ系企業の「カフェ・ハーグ」が、イタリアのカフェイン抜きコーヒー市場を独占していたので「カフェ・ハーグ」でも通じた。でも、今やイタリアは、ＥＵではドイツに次ぐカフェイン抜きコーヒーの生産地。健康志向からチコリの根やいちじく、穀物などの代替コーヒーとともに、多様なブランドが増えてきた。

カプチーノ

エスプレッソに、蒸気で泡立てた牛乳をたっぷり加える。その名は一六世紀、フランチェスコ修道会の改革派から生まれたカプチン修道会（カプチーニ）に由来する。ローマの骸骨寺で有名な修道会だが、カプチーノの様子が、彼らの茶色い僧衣姿を連想させたからだという。

専門学校を出たばかりの器用なバリスタは、牛乳の泡とココアパウダーで表面にハートや葉っぱ模様を描いてくれる。ただ温めた牛乳を加えるのは「カフェ・ラッテ」。ラッテは牛乳。これらのお腹にたまるカフェを、イタリア人は夕食後にまず飲まない。

カフェ・シェケラート

これぞ、バリスタを躍らせ、その腕が試される一品。シェーカーで、少し冷ましたエスプレッソ、シロップ、氷を瞬時に攪拌すると、ふんわりと冷たい泡状に変わる。甘い夏場だけのコーヒー。もし、彼がなかなかのイケメンで、腕が確かならば、両手をすっと伸ばし、リズミカルにシェーカーを振る姿は、バールをマタドール（闘牛士）が駆け抜けるような爽やかな色気さえ醸す。もし、そうでなければ……やめとこう。

カフェ・コレット

エスプレッソにグラッパ、ブランデー、ラムなどのリキュールを入れたもの。これも「ア・パルテ」をつければ、リキュールは別にグラスで出してくれる。胃に悪そうだが、飲めば、消化にいいような気になる。

「コレット」は修正するという意味で、この表現には、どうも「長い人類史を振り返れば、アルコールこそ男の飲むべきもの。コーヒーやお茶をお行儀よく飲んで黙々と働くなんて阿呆だ。ええい、強い酒でも混ぜてくれるわい」といった反逆精神と未練たらしさがにじんでいる。

カフェ・ノッチヨラート

「ノッチョーラ」は、ヘーゼルナッツのことで、エスプレッソにヘーゼルナッツクリームを加えたカフェ。かなり甘くしてあり、デザート感覚で楽しめる。ナポリには古くからあったものらしく、どこもおいしいが、近頃、各地に増えてきた若者たちに人気のフレーバー・シロップを多用するバールでも必ずある。名前は、店のセンスによって大いに変化する。ストロベリー風味にバナナ風味と、フレーバー・シロップ乱用の店には怯《ひる》むが、基本のエスプレッソの風味がしっかりしていれば、そう悪くない。

グラニータ・ディ・カフェ

「グラニータ」とは、細かく滑らかな液状の甘いシャーベット。凍らせたエスプレッソでつくる。夏の南部一帯に見られる季節メニューだが、グラニータの別天地は、やはりジェラート発祥の地シチリア島だろう。これとブリオッシュの組み合わせが朝食の定番なのだ。

朝から、若い男たちが一人でジェラテリアに入ってきて、蜜に群がる蜂のように嬉しそうにこれを食べる様子は、カルチャーショックに身悶えする。カフェの他には、やっぱり島の名産のアーモンドを使った「グラニータ・ディ・マンドッラ」がある。肌にもよさそうだ。

ビチェリン

北イタリアの洒落たカフェでは、よくコーヒーに小さなチョコレートを添えてくれる。そもそも、この二つがヨーロッパにほぼ同時に紹介されたという歴史の名残だし、砂糖を加えたエスプレッソはチョコレート風味を醸し、実際この二つは相性がいい。

チョコレート職人の多いトリノでは、同名のカフェ「ビチェリン」（前述）から、グラスの底に手作りチョコレートを温めたもの、その上にエスプレッソ、最後に泡立てた牛乳をのせた飲み物が生まれ、街の名物になっている。寒い冬の夕暮れや、低血圧でふらっとする時にこれを飲むと、頬がたちまち赤みを帯びて、効《こう》果《か》覿面《てきめん》。

これにそっくりのマロッキーノ（モロッコ風）は今や全国区だが、こちらは最後にカカオパウダーを振る。おそらく、アレッサンドリアの別のバールがビチェリンに倣《なら》い、そこから広がったものと思われるが、その名の由来は、モロッコ産の古書などに使われている焦げ茶の羊革の色合いを連想させたからだという。

チョコラータ

近頃は、パックのインスタントも増えて味わいもあっさりしてきたが、チョコレートの質にこだわっていそうなバールならば、本格派のそれが味わえる。パリのカフェなどでもお馴染みの、どろりと濃厚な液状チョコレートで、日本のカカオ二五パーセントくらいのさらっとしたココアを連想すると、えらいことになる。

くれぐれもチョコレートケーキなどとセットにしてはいけない。

コラム4　人生観のにじむ、バールの記号学

自転車レースのトロフィー

かつて日本のお茶の間にゴルフのトロフィーが並んでいたように、イタリアのバールの棚では、よく自慢げな自転車レースのトロフィーを目にする。そのくらい人気スポーツで、週末ともなれば、イタリアの田舎道は、これでもかというほど体の線が出た派手なサイクリング・スーツに身を包んだカエルのような太腿の親父さんたち、ときどき若者、で溢れる。

街中のバールでも見かけるが、山間部の峠などにぽつねんと建つバールなどでは、このトロフィーが神棚のような存在感を醸している。

世界各地からの絵ハガキ

主人の背中の壁にべたべたと貼ってあることが多い。これは、世界の観光地イタリアで、私は人種的偏見などこれっぽっちも持ち合わせていない博愛主義者で

す、といったサブリミナルなメッセージでもある。

ハガキの差し出し人は、昔、店に通った留学生であることも、移民した兄弟であることも、また、自らが旅した国で買い求めたものであることも。こうしたバールは、しばしば、不安も多い留学生や長期滞在者のオアシスとなっている。

サッカーチームのブロマイド

サインがついた地元チームの集合写真だったり、主人と地元出身の選手が肩を組んでいる写真だったり、新聞のおまけについていたワールドカップ優勝の瞬間だったり、バッジオがゴールを決めた瞬間だったり、いろいろ。

主人がもし、ティフォーゾ＝熱狂的ファンのレベルに達している場合は——実は、とても高い頻度でそうなのだが——店中これでもかとばかりに、そのチームの色で染まっていく。自ずと客にも住み分けが起こる。

聖人ブロマイド

こつこつ、きまじめに稼ぐ家族経営の小さなバール、こと南部からの移民が経営する店で、圧倒的な人気はパードレ・ピオ（一八八七〜一九六八年）のブロマイドである。一見、さほど聖性を感じさせない目のぎょろっとしたおじさんだが、生前、アッシジの聖フランチェスコのように聖痕（磔刑のイエス・キリストと同様の傷が、生きている人間の体に浮かび上がること）を受け、数々の癒しを行ったというカプチン僧だ。前の前の教皇ジョヴァンニ・パオロ二世がまだ無名の神父だった頃、その輝かしい将来を予言したともいう。

故郷のプーリア州には、世界的建築家のガエダーノ・ペーシェがデザインした渦巻き型の大聖堂まで建設され、もはやフランスのルルドを上まわる巡礼地となった。

テーブルサッカー

ゲーム機といっても、完全手動型のアナログの極み。横向きに串刺し状になった赤と青のサッカー選手の角度を調節し、相手のゴールを阻止しあうというだけの単純なもの（82ページの写真を参照。フィレンツェのチルコロで撮影）。イタリアでは、愛国者のあだ名をつけてカルチョ（サッカー）・バリッラと呼ばれる。

山村バールなどにしぶとく残っていて、ものすごい音をさせ、台が動くほど棒をぐるぐる回して戦っている少年を昔はよく見かけた。七〇年代のバールを一世風靡したこのゲーム、今や絶滅危惧種かと思いきや、そのワールドカップまで存在し、二〇一三年には、パラリンピックでイタリア代表が世界チャンピオンになっていた。

鍵を渡されるトイレ

近頃のバールは、さすがにトイレもうるわしい。しかし、田舎のごく当たり前のバールで、トイレを借りようとすると、今も謎めいた一本の鍵を手渡されることがよくある。鍵のかかったトイレを自分で開け、また閉めて鍵を返す。

トイレ空間が世界一進化した日本人には不思議な国なのだが、おそらくは、地元のカップルが不埒な目的に使用するのを阻止するためか、トイレも詰まるし、水代も馬鹿にならないので極力、使ってほしくないかのどちらかだろう。エスプレッソは冷めるから、その後でオーダーしよう。

第四章

一杯飲み屋としてのバール

バールマンは小さな錬金術師

夏のヴァカンス期のリミニは、街中がお祭り騒ぎである。海岸沿いは、遊園地のように飾り立てられたホテルのプライベートビーチに細かく仕切られ、海岸に並行して建ち並ぶ店という店が、台湾の夜市よろしく暗くなっても閉まる気配もなかった。まるでイタリアらしからぬ眠らない避暑地なのである。

ステファノ・ベンニの『聖女チェレステ団の悪童』（集英社）の中に底意地の悪いリミニのパロディ、リゴローネ・マリーナという街が出てくる。

リゴローネ・マリーナ！　無数の茸《きのこ》さながらのビーチパラソル、ボリュームいっぱいのラジオ、むかでのように連なる海岸通りの自動車。（中略）リゴローネ・マリーナ！　ここでは毎日九〇トンのアイスクリームが消費され、そのうち三六トンは泣き叫ぶ子供たちと怒り狂う親たちの前で地面に落ちていたから、道はバニラの香りが漂ってツルツル滑った。路上では毎晩一千二百万匹の海老が網で焼かれ、あたり一面に捨てられた足と触角と殻の燃えるような赤色は、飛行機のパイロットが空から見ると、町のイルミネーションか飛行機の標識と見

誤るほどだった。(中略)

リゴローネの海! アドリアーナ海はかつては光り輝いていたが、今はひどい悪口と中傷の的になっていた。海は手に負えない紅藻類、電気くらげ、それにありとあらゆる汚物でしばしば汚染され、永遠に汚いままの泥水で泳ぐ何百万という海水浴客をストイックに耐えていた。そして、蟹、ぼら、二枚貝などが感嘆すべき勇気をもって今なおそこで生き延び、全面的な賞賛を浴びていた。

(ステファノ・ベンニ『聖女チェレステ団の悪童』中嶋浩郎訳、集英社)

とまあ、良い子の読者に当たり障りのない部分だけを引用しても、この町の夏の過剰さ、喧騒ぶりは伝わってくるだろう。こんなリミニを、この国に住み着いた日本人たちは、誰からともなく〝イタリア熱海〟と呼び始めた。

何となく頷けるのは、名所といっても、映画『アマルコルド』(フェデリコ・フェリーニ監督、一九七四年)のロケ地になったグランドホテルくらいで、大戦で旧市街のほとんどが爆撃にあったせいで、これといった風情にも欠ける。ただ明るい海を望む開放感だけが、避暑地を支えている。

ならば、きっとこのイタリア熱海も、バブル崩壊ならぬ、ユーロ物価高の煽りを受けてうなだれてはいまいかと、あるホテルのオーナーに訊ねてみたところ、「この街にはホテルだけで一〇〇〇軒以上、バールは六〇〇軒以上あるんだ。リミニには外国人労働者も大勢いるが、失業者はゼロだよ。今も国内だけじゃなく、北欧やロシアからも客が来るんだよ」と、えらく威勢のいい返事が返ってきた。やる気、満々である。

『アマルコルド』のロケ地、グランドホテル

そもそも、この町に足を踏み入れたのは、老舗バール「カフェ・デッレ・ローゼ」（106ページの写真を参照）に来るためだった。老舗といっても開店は一九五九年のことで、その後、火事で閉店に追い込まれている。ガラス張りにシャンデリア、タイルの壁にヴェネチアン・グラスのキッチュな七〇年代風の内装も、最近、また改装された。

このカフェは、イタリアのどの店よりも眠らない。夏ともなれば、朝の三時半頃まで客でにぎわい、早朝の六時にはもう開いている。

避暑地のバールだけに、朝食にはビュッフェ形式を取り入れ、夕食時はしっかりしたメインディッシュも楽しめるレストランに早変わり。週に一度は、日本で修業した青年が寿司を握り、週に二〜三度は、「レゲェと南米のカクテル」、「ジャズとウィスキー」といったイベントで人を集める。

店で待っていてくれたのは、当時、イタリア・バールマン協会の広報部長を務めていたアンジェロだった。

「AIBES（アイベス）」と呼ばれるこの協会は、一九四九年に二九人のバールマンによって創立され、今では全国約二〇〇〇人のバールやホテル経営者が会員になっている。プロ意識の高い本物のバールマンを育成するのが、その目的である。長いことバールは男たちだけの憩いの場だったが、今では会員の三割を女性が占めているそうだ。

アンジェロは、開口一番、こう言った。

「僕はね、バールマンというのは、とてつもなく大切な仕事じゃないかと思ってるんです。客の立場になってみれば、バールというものは、街の入り口、覗き窓ですよ。どんな街なのかな、ということを知るための要所なんですよ。つまり、たまたま立ち寄った一軒のバールで、街の印象はがらりと変わってしまう。そうじゃないですか」

まったく、同感である。何となく馴染めない初めての街でも、たまたま入ったバールで温かい応対を受けると、街の印象はぐっとよくなる。正直なところ、すぐにでも逃げ出したいようなリミニの町の印象も、今、目の前にいるアンジェロがじわりじわりと変えてくれようとしていた。

中央の男性がアンジェロ。右の女性が「カフェ・デッレ・ローゼ」のオーナーのシルヴィア

膨らんだハーヴェイ・カイテルといった面持ちのアンジェロは、一五歳からバールで働いてきた叩き上げだという。落ち着いた風情で、小さな黒い瞳に、人を逸らさない真摯さが宿っている。

八二年、人からバールマン協会のことを聞き、その会員となった。四年後、晴れてバールマンに昇格。これには、エスプレッソの淹れ方、カクテルなどアルコールに関する知識と技、それに経営学の試験をパスしなければならない。そして、さらに四年の経験を積んで、カーポ・バールマン(主任バールマン)になった。

八〇年代には、話題となったアドリア海の避暑地の大型ディスコ「パラディィーゾ」や「ビブロス」でキャリアを積み、「カフェ・デッレ・ローゼ」を任されることになった。

アンジェロは、忙しい日々の傍ら、ボローニャの専門学校でバールマンを養成している。

「今では、どのホテル学校でもバールマンの講習会をやりますが、大抵一五時間程度です。しかし、それでは絶対に学べないといって過言ではない。バールは、たとえどんなに普通の店でも、五〇から六〇種のリキュールがある。そうなればカクテルの種類は無限です。それに客は味と香りだけでなく、目でも楽しむ。センスも磨かなければならない。素材のことを知り尽くすだけでも相当な時間を要するんです。バールマンは、いわば小さな錬金術師なんですよ」

このあたりが、普通のバールの親父と、プロ意識の高いバールマンとの大きな差なのだという。バールマン協会にしてみれば、バリスタやバンコニスタではなく、バールマンと呼ばれる者だけに客のニーズに応える複雑なカクテルの調合が可能なのだとなる。

それからアンジェロは、力を込めた。

「店が人を惹きつける力は、結局、バールマンという人間にあるんです。その観察力、目と目で交わす会話、そこから生まれる小さな信頼関係です。それがなければ、僕らは、カフェを淹れるだけのただのマシーンと変わりありません。日に何百杯もエスプレッソを淹れて、注文通りのカクテルをつくり、その間に皿とカップを洗う。こんな重労働はないですからね。客が自分を信頼して通ってくれるという張り合いが、この仕事の本当の面白さでもあるんです」

イタリアのバールの底力は、とどのつまり〝人間力〟にあった。

人の話を聴く力

話をしていると、春の夕暮れのような色合いのカクテルが運ばれてきた。宵っぱりの人には、すてきな一日の始まりを約束するような、可憐なカクテルだ。シャンパンのロゼ、シロップ、ガス入りのミネラルウォーター、それにラム酒も入っているらしい。

「来週、店でロゼをテーマにバラ色カクテル・ナイトを催すんですよ。シャンパンは、今ちょっとしたブームです。イタリアのバールマンは、普通、店にワインをせいぜい七〜八本しか置きませんでしたが、これまでソムリエの領域だったワインにも向学心を燃やしているところなんです」

理想的なバールマンの条件を訊ねてみると、アンジェロがにやりとした。

「昔、有名なイギリスのバールマンが同じ質問を受けて言ったんです。『最後の客が微笑み、キャッシャーを開けた自分も微笑む』ことだと。いいですか、バールというのは、ひとえに心理学の場なんです。初めての客が現れ、それから彼が三度、店に足を運んでくれたならば、バールマンは『いつものカフェですね』と、リストレットだったか、マッキアートだったか、その客の好みを記憶しておかなければならない。もし、彼が左利きなら、左側にスプーンをまわして出す。それが本物のバールマンというものです。

たった数分、ひと息つくために客はやってくる。そのわずかの時間を、とことん気分のいいものにしなければならない。そうすれば、客は、食前酒の頃にも戻ってくる。気がつけば、ヴァカンスの間の常連となるんですよ」

これは本当だった。今まで出会った気持ちのいいバールでは、大抵、二度も通えば、顔を覚えてくれた。女友達と映画の後で入れば、さりげなくカプチーノにハート模様を浮かべてくれる。八〇歳の女性だろうがレディはレディ、朝の挨拶は「チャオ・ベッラ！（おはよう、べっぴんさん）」だった。

子連れで旅して、バールで哺乳瓶にお湯を頼むと、一〇代の若者が、黙って煮沸消毒し、人肌のミルクを差し出す。このプロ意識の高さは、あまり世界が気づいていないイタリア的美徳のひとつである。

長年、これはイタリア人の国民性によるものなのかと信じてきたが、そうではなくて、厳しい修練の賜物《たまもの》だったというのか。

ならば、バールで働く人に適性はあるのだろうか。

「そうですね、何より人が好きじゃないと難しいですね。客が望むものを読み取る力です。サービス精神と言い換えてもいいでしょう。それから、コミュニケーション能力です。といっても、話す力だけではない。どちらかといえば、バールで要求されるのは、人の話を聴く力の方です。それに、こういう街でバールをやるのならば、フランス語とドイツ語、語学もある程度、必要です。それから、店が不潔だと客も気分が悪いので、衛生観念や美意識も大切です。そして、必ず理不尽な文句を言い出す客もいますから、何より情熱がなければやっていけない。それから……」

アンジェロは、喉が渇いたのか、ぐっと紅のカクテルを飲み干した。

「私はボローニャの学校で、毎年、八〇人から九〇人くらいの学生たちを教えています。ですが、将来、いいバールマンに成長してくれそうな子は、そのうち五人くらいですね」

私たちが、イタリアのバールで、手際よくおいしいエスプレッソを淹れ、シェーカーを器用に振ってカクテルを注ぎ、カップやグラスをさっさと洗い、カウンターを磨き、そうしながらも、にこやかに客の話に相槌を打っている人を見かけたら、それは、間違いなく狭き門を潜り抜けた選ばれし人、エリートだというわけだ。

グラッパと少数派としての酔っ払い

日本の週末の終電車に揺られていると、右も左もゆらゆらと揺らめくおじさんたちでいっぱいだ。ホームの白線の外側をふらふら歩く姿を見ると、つい袖を引っ張ってあげたくなるが、こうした光景に遭遇するたび、酔っ払いの少ないイタリアに思いを馳せずにいられない。

基本的に何か食べながらしかワインを飲まないということもあるし、体質的に日本人よりアルコール分解能力が高いということもあるかもしれない。しかし、一番の違いは、ストレスが少ない社会だということだろう。

そんなわけで酔っ払いは少ないが、その気になれば、朝からでも飲める。イタリアのバールには、アルコール類なら大概のものがそろう。昼食後のけだるい時間にグラッパとカフェを注文する人も多い。

夕方ともなれば、カウンターには、ポテトチップスやオリーブの酢漬けが並び、食前酒をひっかける人々で混み合う。居酒屋で仕事仲間と夜中まで管を巻くことはないが、仕事を終えたらバールで一息つく習慣は根強く残っている。バールは、一杯飲み屋としての機能を持っている。

先ほどイタリアに酔っ払いはいないなどと口走ったが、例外はある。『BAR《バール》に灯ともる頃』（エットーレ・スコラ監督、一九八九年）という映画は、兵役中の息子と、これに会いにやってきた父の一日を描いた、それはそれは地味な名作だ。親子はだらだらとバールをはしごするのだが、名優マストロヤンニ扮する父の定番は、朝でもいつでもグラッパ入りエスプレッソ。それも「ヘンルーダ」というハーブ入りのグラッパがお気に入りだ。

グラッパは、葡萄の搾りかすを蒸留したもので、世界一のワイン生産国ならではの名産。原産地の権利を重んじるEUの法律で、イタリア産だけをグラッパと呼べる。グラッパという破裂音は、ピエモンテ州やロンバルディア州の方言で葡萄の実を指す言葉からきたものだ。これが強い酒で、アルコール度数は最低でも三〇度、ものによっては五〇度にもなる。

北イタリアのヴァッサーノ・デル・グラッパというこぢんまりした街は、アルプスの登山口にあたり、渓流には美しい木の橋もかかっている。ここは、グラッパの大手「ナルディーニ」や「ポーリ」の工場がある飲んべの別天地。この町のバールでは、朝っぱらから赤ら顔の親父さんたちを見かけた。

また、グラスワインが伝統的に安いヴェネチアの下町、山岳部の村、南の島などでも、エスプレッソの比重が低く、酒くさいバールはかなりある。

ただ、ここで大切なのは、バールは、本来、家のすぐそばにあるということだ。ほろ酔い加減でも千鳥足で歩いて帰ることができる。車に乗って帰る必要はないのだ。

不老長寿の妙薬と甘いリキュール

「イタリアには、どうして、ああもクソ甘い酒ばっかりあるんだろうね」

イタリア好きの友人が、これだけは受けつけないとばかりにこぼす。イタリアのバールに並ぶ酒類は、グラッパやブランデーを除けば、そのほとんどが甘口。中には脳天がうずくほど甘いものもある。あれはアマーロ（苦いの意）で総称される一種の健康ドリンクで、どれも食前や食後にちびりちびりとやるものなのだ。

歴史を振り返れば、コーヒーも、煙草も、何でも最初はそうなのだが、蒸留酒もやっぱり薬だった。それが時とともに毒に変わるのだが、何事も適度な量に徹するならば、薬であった頃の輝きを取り戻してくれるかもしれない。

世界最初の「ハーブ薬局」を創業した人ではないかとされる紀元一世紀のギリシャ人医師、ペダニウス・ディオスコリデスは、こう言っている。

「蒸留とは、大地から水分を蒸発させ、ふたたび雨にして降らせるという太陽の力を模倣したものである」(『リキュールと蒸留酒』未訳、ツーリング・クラブ・イタリアーノ)

アラブ起源で、イタリア各地に残る「ロゾーリオ」というそれはそれは甘い酒があるが、この語源も、バラが入っているからバラのオイル(ローザ+オリオ)かと思っていたら、ラテン語で「ロス・ソリス」=「太陽のしずく」という意味だという。

野の草、苦い実や根っこ、芳《かぐわ》しい花びら……蒸留という神秘の力で、そのエッセンスを封じ込め、より刺激的な香りや風味を抽出する。飲めば、気分を高揚させ、どきどきと血流を活発にし、顔色をよくする。純粋な心を持っていた古《いにしえ》の人々には、蒸留の技は限りない驚きだったに違いない。

こんなすてきな魔法があるだろうか、というわけで、人類は、ウィスキーだの、ジンだのと蒸留酒にはまっているわけだが、イタリア人は何とも言いにくそうに「アルコール」と、最初のアにアクセントをつけて発音する。外来語だからだ。どこから伝わったのかというと、コーヒーばかりか、これもアラブ。

アルコールの語源は、al-kuhl、蒸気のように細かな粒子のことを指すアラブ語から生まれたようだ。ギリシャ人も、ローマ人も、蒸留には夢中だったが、アラブの錬金術師ほど洗練された技術を持ち合わせていなかった。

彼らの高い蒸留技術が、イベリア半島やシチリアからヨーロッパにもたらされたのは、だいたい八世紀頃。これを熱心に学んだのが、当時、ヨーロッパでも最高のレベルを誇っていた南イタリアの「サレルノ薬学大学」の学者だった。一一世紀には、あらゆる薬草や食物、果実、ワインなどについて、それが体にどんな効果を及ぼすかということを、研究し尽くしている。

リキュールはヨーロッパ各地に残るが、イタリア半島にとくに豊富なのは、まずアラブ社会により近かったこと、そして温暖な気候と多様な地形に恵まれ、年間を通じてさまざまな薬草が自生し、果実や野菜にも事欠かなかったからだという。

修道院が泣く泣く手放した秘伝のレシピ

一三世紀頃からリキュール文化の殿堂となったのは、イタリア各地の修道院である。それも自給用につくっていただけでなく、ヨーロッパ各地に輸出するほど、しっかりした生産体制を確立していた。

フランチェスコ修道会のクルミの酒「ノチーノ」、カルメル修道会に伝わるレモンバームの酒「メリッサ水」など枚挙に暇がない。

中世以来、ずっと修道院が支えてきたこのリキュール文化に、大手メーカーの創業ラッシュが起こるのが、どういうわけか、だいたい一八五〇年代～一八七〇年代に集中している。これには、どんな背景があるのだろう。

ひとつは、一八六一年のイタリアの統一とそれによる都市化だ。この時点でトリノ、ミラノ、ジェノヴァ、ヴェネチア、ボローニャ、フィレンツェ、ローマ、ナポリ、パレルモ、メッシーナは、一〇万人以上の人口を抱える都市になった。このストレスを抱えた都市住民たちは、量産されたリキュールの消費者となっていく。

これと時を同じくして起こったのが、右翼政権（一八六一～七六年）による教会の財産の没収だった。一八六八年の「聖職者財産処分に関して」と一八七一年の「保障法」によって、修道院と宗教団体は財産所得権を失う。

今も古い修道院では、この時のことを悔しそうに語る老僧に出会うことがある。葡萄畑やオリーブ畑と同様に、秘伝のリキュールは、修道院の大きな収入源だった。それが強制的に解体させられたちょうどその頃、折しも各地でリキュール工場の創業ラッシュがあった。

これは、有名なリキュールについて回る、その手の逸話とぴったり符合する。たとえば、「カンパリ」社の傘下に加わった「ズッカ」という酒。ダイオウを主成分に三〇種類ほどの薬草が入った真っ黒な酒だが、もともと修道院の秘伝だったものを、医師エットレ・ズッカが工場での生産に踏み切ったのは、一九世紀半ばのことだった。

シチリアの「アヴェルナ」も、内陸のカルタニセッタにあった終身制のカルトジオ修道院の秘伝だったが、ここでは修道院の庇護者だったサルヴァトーレ・アヴェルナに、慎んで秘伝のレシピを伝授した。これは一八五四年のことだった。

エキゾチックな響きの「アルケルメス」。「ケルメス」とはアラブ語で赤い色素を持つ虫のこと。シナモン、カルダモン、クローブ、アニスなどが入った、東方から伝わった深紅のお酒で、ズッパ・イングレーゼという菓子に染み込ませるのは、これだ。

これが、メキシコのやはり赤い色素を持つ別の昆虫コチニールを使ったレシピで、スペイン経由でフィレンツェに伝わった時、熱心に受け継いだのは、ドメニコ修道会だった。これも、修道院解体によって今は民間の手に渡っている。かの有名な「サンタ・マリア・ノヴェッラ薬局」の看板商品だ。

イタリアのバールに並ぶリキュールは、錬金術師や修道士たちが夢見た不老不死の妙薬の延長線上にあり、その歴史を映して甘く、ほろ苦い。

その秘伝のレシピについては、どんな薬草をどれだけ加えたのか、詳細を一〇〇パーセント明かさなくてもいいという法律になっている。それだけに、古の不老不死への探求は、ひょっとすると、がっぽり儲ける方の〝錬金術〟に変容しているかもしれないが、それは誰にもわからない。

コラム5　プチ食前酒ガイド

マルティーニ

国内にはヴェルモット（イタリア語はヴェルムート）の小さな会社が無数にあ

るが、なかでも圧倒的シェアを誇るのが「マルティーニ」社。ボードレールなどを酔いどれにしたアブサン酒と同じくニガヨモギが主原料だが、度数がうんと低く、アンジェリカ、シナモン、アニス、ナツメグなどのハーブを加えた甘いワイン。

ギリシャのヒポクラテス（紀元前四六〇年頃〜前三七五年）が、すでに消化を助けるニガヨモギ入りワインに言及しており、古代ローマや中世の居酒屋でも人気だった。

一六七八年、ボローニャの医師レオナルド・フィオラヴァンティは、これを「消化を助け、血液をきれいにし、心地よい眠りを誘い、肌の色を健康的にする。苦みは胆汁の働きを助け、肝臓を活性化し、腎臓の機能を高め、心臓を闊達にする」とべた誉め。

一九世紀初頭に北米で大当たりし、世界に広がる。よく冷えたジンを加えたドライ・マティーニ（アメリカ式発音）は最もポピュラーなカクテル。

カンパリ

その名は、ガスパレ・カンパリという創始者の名に由来する。一八六〇年、まさに産業革命と修道院解体のさなか、この人物が考案した一〇種類くらいのリキュールのひとつだという。一九〇四年にはミラノ郊外に最初の工場をつくり、その鮮やかな赤色から、さまざまなカクテルに使われるようになった。イメージに反してアルコール度数は二五度と案外と高い。近頃では、同じ赤色でも、度数が低い「アペロール」に押されがちだが、二〇〇三年、こちらもカンパリ・グループが買収。ともに真っ赤な毒々しいほどの色合いが、その人気の秘密である。ソーダ水を加えるカンパリ・ソーダやオレンジの生ジュースを加えるカンパリ・オレンジは、イタリアの黄昏時《たそがれどき》の食前酒として不動の地位を築いた。

コラム6　食後酒に向くアマーロ（苦みのあるリキュール）

アマーロ・ルカーノ

世界遺産の町、マテーラのあるバジリカータ州が生んだ代表的なアマーロ。一八九四年、パスクアーレ・ヴェーナという人が経営するピスティッチの小さなバールで生まれた。今もマテーラ郊外のルカーニャの工場でつくられ、全国に販路を広げている。

花かごを手にした民族衣装の女性というラベルの純朴なデザインは、北のシンプルなデザインとは対照的に、かえって目立つ。

アンジェリカ、ニガヨモギ、サルビア、サンブーカ、タイムなど一二種類のハーブが入る。アルコール度数は三〇度。今でも創始者と同じ名の孫が、工場を受け継いでいるが、秘伝のレシピとあって、仕上げの部屋には彼しか入れないという。

アヴェルナ・アマーロ

アマーロは苦いという意味なのに、ほとんどの酒がそれはそれは甘い。そんな中、これは珍しく糖分控え目でドライ。ミントを中心に数種類のハーブが入る。

本文で触れたように、一八五四年、カルタニセッタの修道院が、その手厚い庇護者だったサルヴァトーレ・アヴェルナに、秘密のレシピを送ったのがきっかけだという。一八六八年、その息子たちが工場生産に乗り出した。だが、二〇一四年、カンパリ・グループに買収された。

シチリアでは夏に渇きを癒す酒として、ロックで飲んだり、コーラやトニック・ウォーターで割ったり、ジェラートに垂らしたりする。

フェルネット・ブランカ

四五度もあるミラノの比較的ドライなリキュール。ダイオウ、シナモン、サフラン、ミントなど二七種類ものハーブが入っているが、意外なものとしては、アロエまで入っている。仕上げはオーク樽で一年寝かせる。

「フェルネット」というエキゾチックな名は、これを発明したスウェーデン人医師の苗字で、この医師は、その後、創立者となるブランカ氏の研究所で働いていた。

一九世紀中頃までは消化薬として売られていたので、禁酒法の時代のアメリカでも人気となった。同社の甘いミント風味のフェルネット・ブランカ・メンタとともに、緑の鮮やかな色合いから、カクテルで人気。

ガリアーノ

一輪差しによさげな三角錐のボトルで知られる黄色いリキュール。甘いがアルコール度数が三五度もある。アニス、ジネプロ、ラベンダー、ミント、ヴァニラなどのハーブが入る。

一八八〇年、トスカーナ州のリボルノで酒の輸入をしていたアルトゥーロ・ヴァッカリという人が蒸留所をつくったのが始まり。名称は、一八九六年に戦死した英雄、ジュゼッペ・ガリアーノという将校の名にあやかった。お酒の黄色は、大勢のイタリア人が移民したカリフォルニアのゴールドラッシュへのオマージュだという。第二次世界大戦で蒸留所が爆撃を受けたこともあり、現在は経営も移り、ミラノでつくられている。もっぱらカクテルに使われる。

チナール

アーティチョークをベースにしたほろ苦い酒。アーティチョークのラテン語の学名は「チナーラ・スコリムス」。東地中海の原産で、一五世紀にイタリアで品種改良され食用となる。一九四九年、パドヴァのペッツィオール社がアーティチョークで香りづけしたアクアヴィットを商品化。最大のシェアを誇った同社のチナールは、一九九五年からカンパリ・グループの商品になった。

ただ、アーティチョークの酒は、大昔から消化薬として親しまれ、各地に多様なヴァリエーションがある。イタリア語ではキナと言い、冬はバールで「キナ・カルダ!」と注文し、温めていただく人も多い。

その他

健康志向の高まりとともに、「グラッパ」派は、カンパーニャ州の名産であるレモンのリキュール「リモンチェッロ」派に押され気味。これもやっぱり甘いが、レモンの酸味で後味はすっきりしている。

他にも、サルデーニャ島の「ミルト」や、アルプス地方の「ジェネピ」など地方色豊かな、現地の郷土料理の後でこそおいしいリキュールは数限りなくある。日本の酒蔵と同じで、派手な宣伝はしないが、質にこだわる小さな老舗も多いので、地元のいける口を見つけて指南してもらうのが正解。外国のリキュール、貴腐ワインなどもある。

新しい流れは、日本同様、クラフトビールの空前のブームだ。二〇〇五年までは、全国に二〇もなかったが、二〇二三年までに一三二六社が各地に誕生し、消費も伸びた。これに続いてジンやウィスキーなどのクラフト蒸留所が、二〇二二年にも新たに二〇社生まれ、新しいバールの楽しみ方も増えた。

カザノヴァも愛したプレ・カクテル文化

今から二〇〇年ほど前のこと、メキシコに渡ったイギリス人の水兵が、地元のバーの人が、木の枝で酒を混ぜているのを目にした。混ぜている酒のことが気になって

「それ何？」と訊ねたところ、メキシコ人は、混ぜている小枝のことを訊かれたと勘違いし、「コーラ・デ・ガジョ」と木の名前を答えた。ところが、水兵もまた、これを直訳した「コックテイル」＝「雌鳥のおっぽ」を飲み物の名前だと勘違いし、このコックテイルがなまってカクテルとなった、という落語のような逸話がある。

その信憑性《しんぴょうせい》は定かではないが、今も世界に新しいカクテルを発信し続けているのは、やはり、人種の坩堝《るつぼ》、アメリカだろう。マンハッタン、ニューヨーク、ブルックリンといった地名までカクテルの名になっている。と思っていたら、酒を混ぜる衝動ならば、ヨーロッパにものすごく古くからあったと友人に反論された。

たとえば、古代ローマ人は、ワインに水を混ぜていた。この習慣は、今もイタリア庶民に受け継がれ、ときどき目にして度肝を抜かれる。

時代は下って、アメリカ大陸が発見された頃、すでにラム酒やジンを商う貿易船が地中海を行き来していた。

そうして、ここにパンチが生まれた。妙な言葉だ。日本でもフルーツ・ポンチなどというが、あれこそは混ぜることで刺激的な新しい味をつくろうというプレ・カクテル文化だった。そもそもインドの五種類のフルーツを混ぜる飲み物が語源で、ここからヨーロッパへ広がっていったという。

パンチは、イタリア語では、punchとつづるので、ままプンチ！　となる。ちなみにU2はウ・ドゥーエ、WWFはヴヴエッフェだもの。

このプンチ、あのカザノヴァも、自分でつくって楽しんでいた。旅好きのカザノヴァは、珍しいものには目がなかった。

〝プンチ〟の伝道者の一人に、イギリス人のラッセル卿がいる。伝説によれば、一六九四年、ラッセル卿は、庭園の大理石のプールに、六〇〇本のアクアヴィットと同じ量のラム酒、一二本のマラガのワイン、四〇〇リットルのお湯、六〇〇リブラ（一リブラ＝約四五四グラム）の砂糖、二〇〇リブラのナツメグ。これに二六〇〇個のレモンを搾ったという。

そして、このプンチのプールに、ギリシャ神話のガニュメデスの扮装をさせた若者を水夫に見立てたマホガニーの船を浮かべ、ここに約六〇〇人の招待客が群がったという。その後の六〇〇人の悪酔いした客たちの群れは、想像するだにおぞましいが、さすがはグレートブリテン。その度を越した酔狂なくして、カクテル文化の繁栄はありえなかった。

ちなみに、手元にあるバールマンの入門書には、エスプレッソ、ベリー系のフルーツに発泡ワイン、ウオッカまで入った、打ちのめされそうな〝プンチ〟が紹介されている。

コラム7　世界に羽ばたくイタリアのカクテル

ベリーニ

イタリア語は「ベッリーニ」。一九四八年、ヴェネチアで、ルネサンスの画家ジョヴァンニ・ベッリーニの展覧会が催された際、「ハリーズ・バー」の主人ジュゼッペ・チプリアーニが考案したカクテル。ちなみにカルパッチョもこの店で生まれた。

できれば、熟した黄桃をグラス一杯について半分くらい用意する。これをミキサーにかけたもの三に対し、七くらいの量のよく冷えたシャンパンを注ぐ。ない時はスプマンテでもいい。

ロッシーニ

トスカーナ州の音楽家ジョアッキーノ・ロッシーニ（一七九二〜一八六八年）といえば『セビリアの理髪師』や『ウィリアム・テル』。この人は、料理の名前にしばしば顔を出すほどの健啖家《けんたんか》としても、名を留めている。彼が考案したというカクテルは、できれば完熟いちごを用意する。三粒ほどをミキサーでピュレ状にし、よく冷えたシャンパンを注ぐ。

プッチーニとミモザ

『蝶々夫人』や『トゥーランドット』などで知られるオペラの作曲家ジャコモ・プッチーニ（一八五八〜一九二四年）。彼に捧げられたカクテルは、辛口の発泡酒スプマンテに、マンダリン・オレンジを加える。ちなみにミモザの名で知られるカクテルの場合は、ヴェネトの発泡酒プロセッコに西洋オレンジを加える。ともに爽やかな酸味のある食前酒。

ガリバルディ（カンパリ・アランチャ）

カンパリにオレンジの生ジュースを加えた食前酒の王様。ジュゼッペ・ガリバルディ（一八〇七〜一八八二年）はイタリア統一の父。ガリバルディの義勇兵の赤シャツと、シチリアを代表するオレンジの色にあやかって、この名がついたという。もっと古いものかと思えば、生まれたのは六〇年代だった。英雄にはちょっと気の毒だが、今は、カンパリ・アランチァ（カンパリ・オレンジ）の方がうんと通りがいい。

ネグローニ

フィレンツェの伯爵カミッロ・ネグローニが、炭酸水の代わりにジンをご所望したことで生まれたというカクテル。グラスに氷、そこにカンパリ・ビター、ヴェルモットの赤、ジンを同量混ぜ、オレンジを飾る。一九二〇年代の半ば、フィレンツェで名声を博したバールマン、フォスコ・スカルセッティが考案した。暑い季節に渇きを癒すカクテルとして人気。ジンの代わりに白ワインを注ぐヴァージョンもある。

ヒューゴ

二〇〇五年、南チロル地方の山村ナトゥルノのバールマン、ローランド・グルーバーが考案したカクテル。イタリアのスパークリング・ワイン、プロセッコに、国内ではサンブーコと呼ばれ、よく生えているハーブ、エルダーフラワーのシロップとレモン・スライスやミントの葉を添える。あっという間にドイツ語圏から世界中に広まった。

第五章

みんな違って、みんないい、地方色の豊かさ

南へ行くほど濃くなるエスプレッソ

エスプレッソと一口に言っても、それはイタリア料理というものが実際には存在しないように、地方によって微妙に風味も香りも違う。それを象徴しているのが、イタリア各地にある約一〇〇〇軒もの焙煎所だ。

コーヒーをほぼつくっていないこの国が、コーヒー大国と呼ばれている大きな理由は、高い気圧を使う特殊なマシーンだけでなく、その独自の発達を遂げたブレンドと焙煎の文化による。コーヒーの原産地でしばしばおいしいコーヒーにありつけないのは、ブレンド文化が発達しなかったせいだ、と言う人もいる。

だが、焙煎所の全盛期は一九五〇年以後で、八〇年代までイタリアには三〇〇〇もの焙煎所があった。

その後、大手の焙煎所が、全国のバールに販路を広げていくとともに、各地の小さな焙煎所は消えていき、一時は七〇〇近くにまで減ったが、現在はじわじわと盛り返し、約一〇〇〇軒。クラフト・コーヒーの世界的な流れを受けて、小さな焙煎所が復活の兆しにある。

イタリア国内のシェアは、二〇二三年、最大手トリノの「ラヴァッツァ」、セガ・

自社のコーヒーの宣伝を忘れないアルベルト・ヴェラーニ

フレードを扱う「ザネッティ」、「イリー」と上位三位を国内企業が占めており、その次が、近年、スタバとも提携した「ネスレ・イタリア」、カプセル・コーヒーでシェアを伸ばすナポリの「ボルボーネ」、「キンボ」と続く。

売上が約一〇億円以上の焙煎所は、国内に四九社あるが、多くは各地方の多様な好みにあった小さな焙煎所ばかりだという。

コモ湖の近くにあるアルベルト・ヴェラーニの焙煎所も、そのひとつだ。彼は、若い頃、南米を放浪し、五年ほどコーヒー豆の輸入を手がけたこともある。生生産地を知っていることが、彼の大きな自信になっていた。

近頃は近くのホテル学校の生徒たちを定期的に受け入れて、コーヒーについての講義もするというアルベルトは、「コーヒーには八〇〇近い香り成分があるそうなんだ」と言いながら、「チョコレート風味の後味」とか、「絹のような滑らかさ」といったテイスティングの表現を披露してくれた。背が高くて南っぽい風貌、勉強家であると同時に、何事にも強気なビジネスマンだった。

「うちは中の小かな」

だが、小さいことの自負はたっぷりとある。

「一〇〇〇袋（一袋六〇キロ）を、大手が一日から三日で焙煎し終わるのを、うちは一カ月はかかる。その遅さがあるからこそ、質にこだわれるんだ。工業製品は別かもしれないけど、食品について言えば、質と量は反比例すると僕は思うんだ」

一〇分から二〇分、一九〇度から二三〇度の温度で生豆をローストする。中の小とはいえ、アルベルトは、北イタリアだけでなく、南はナポリのバールにも豆を出荷しており、相手によって、豆のブレンドと焙煎法を微妙に変え、一〇種類以上をつくっている。豆の状態によっても常に調節が必要で、それには長い経験を要する。

「一般的に北はライト・ロースト。ナポリ以南は深くローストする。ナポリの喜劇役者トトが冗談でよく言ってたけど、リストレット（濃いエスプレッソ）は、スプーンが立つほどだってね。真ん中のフィレンツェやローマは、ミディアム・ロースト。僕は北の人間だから、ロースト し過ぎると、豆のよさが消えていくと思ってる。近頃の傾向としても、全体的にライト志向だね」

ブレンドの技術が発達したのは、ひとつには、イタリアは立ち飲みカフェの値段がほぼ一律だからだともいう。少なくともバールでは、日本のようにブルーマウンテンやモカマタリといった有名な豆に凝る文化が取り込まれたのは最近のことだ。

そこで、前述のように、他の国では香りが劣るからとインスタント・コーヒーなどに使われることが多いロブスタ種も、かなり輸入している。脂質の多いロブスタ豆をブレンドすることで、表面に泡が立ち、エスプレッソ独特の香りを持続させてもくれる。

しかし、トリエステの大手「イリー」は、一〇〇パーセント、アラビカ種にこだわる戦略によって名を馳せており、北部のバールにはファンが多い。研究を重ねて泡の問題も克服し、繊細な風味のエスプレッソを完成させた。だが、アルベルトは、きっぱりと言った。

「アラビカ種だけがいい豆で、ロブスタ種を使うことに批判的な『イリー』社の考えに僕は反対だな。質の悪いアラビカより、ずっと上質のロブスタだってある。豆だって産地によっても、年によってもいろいろさ。十把ひとからげにはできないよ」

アルベルトの工場ではブラジルが最も多く、コロンビア、コスタリカ、サント・ドミンゴと続くが、かく言う彼も、アラビカ一〇〇パーセントはちゃっかりつくっている。

「イタリアは、ラザーニャひとつとっても五〇種類は下らない。手打ちパスタだって町が変われば、かたちも、レシピも変わる。地方主義、個人主義が徹底してるんだ。みんなで同じ方向に流れるのは嫌いなんだ。みんな違うのが好きなんだよ」

修道士のマント色にローストする

ナポリはエスプレッソの聖地だ、と誰もがいう。

私が、ナポリからローカル線に乗り換えてやってきたバコリという街にあるのは、おそらくイタリアでも最小規模の焙煎所だろう。菓子や浮き袋などが雑然と並ぶ雑貨屋の隣に、その小さな入り口があった。

昨日、焙煎を終えた工場には、うっとりするような香りが満ちていた。かぎ鼻の目のぎょろりとした色黒のやせた男の人が、豆を一袋ずつ手で詰めているところだった。焙煎所のオーナー、ニコラだ。

「僕の親父は、一九六三年にここを始めたんだ。『キンボ』も『サリンベーネ』も同じ頃に創業したナポリの焙煎所は、みんな大手になってしまって、薪なんて使わなくなったね。残念だよ」

ニコラ（右）と、雑貨屋の隣に小さな入り口のある焙煎所（左）

ニコラは、ここが創業してから二年めに生まれた。オリーブの木にこだわる地域もあるが、彼は地元のときわ樫だけを使う。煙が少なく、香りもコーヒーに馴染むのだという。

薪で焙煎するコーヒーは香りが格別だと言われる。一方で、煙の匂いがつくという人がいるが、これは日本で木樽にこだわっている醤油に樽臭がつくと指摘するのに少し似ている。薪の焙煎はナポリを中心としたスローな焙煎の伝統だが、薪を使えば、大量生産はまずありえない。大儲けは見込めない上に手間もかかるから、年々歳々減っているという。

使っている機械は中古を手直ししたもので、バレスタ社というそのメーカーはもう存在せず、メンテナンスにも苦労していた。

「この小さな機械だと一度に二〇キロしかできないよ。一回が二〇分、その前に火入れに三〇分かかる。だからフル回転しても日に六〇〇キロかな」

だが、焙煎するのはせいぜい週に二度。薪の温度は一八〇～一九〇度くらいだという。何より大切なのは、テストスプーン（焙煎状態をチェックするため豆を取り出して色を確認できる筒状のもの）で豆のロースト具合を見て、豆を取り出す正しい瞬間を見極めることだ。

「長年の勘と豆の色だね。豆によってみんな性格が違うから。ブレンドの仕方によっても微妙に変わる。ナポリでは、理想的な色をトナカ・ディ・モナコ、修道士の僧衣のような色って言うんだよ」

ただし、真っ黒のアゴスティーニ派ではなく、フランチェスコ修道会系の焦げ茶だ。濃い栗色で、豆の油脂分が浮き出てくるせいで、表面につやがある。

ここにはさまざまなブレンドがある。ロブスタ種とアラビカ種が同量で、表面にしっかり泡ができるナポリ人好みの「ファミリア・ブレンド」、その他は七割から一〇割がアラビカ種の「デリツィア」シリーズ。

イタリアの焙煎所では、この豆のブレンド法こそが、他人には教えられない一族の秘伝である。豆は産地や気候によっても大きく風味が変わる。一〇〇〇の焙煎所が、それぞれの地元の好みに合わせた、秘伝のブレンド法を大事にしている。

「親父にはブレンドの妙というか、素材を知り尽くした上での直観力があった。僕は今年で一五年め（二〇〇七年当時）だけど、まだまだその域には達してないな」

若い頃は家業を継ぐ気などさらさらなく、ローマでＤＪをしていたというニコラが、この頃やっと父親の職人としての偉大さに目覚めたのだという。

日本人好みだとニコラが勧める「デリツィア」をさっそく飲んでみた。当時、ニコラの雑貨屋には、まだエスプレッソ・マシーンがなく、家庭用のモカ（前述）だったが、その食感も、苦みさえも優しい。この滑らかさは、薪でローストすることによる差なのだろうか。

「大きな工場で急いでつくるコーヒーと違って、薪でこうやってゆっくりローストされたコーヒーは、口の中で暴れない。豆の香りが、口の中でやわらかく開くんだ」

薪によるローストは、どのくらい持続可能だろう。ローマでも、薪を使うバールは、もはや、どちらも有名な「タッツア・ドーロ」と「サンテウスタキオ」くらいだったが、煙を嫌う住民が増えたので、週末にこっそり焙煎していた。昔ながらの薪にこだわる焙煎所は、ほとんど東京の銭湯のような存在になってしまっていた。

その後、「サンテウスタキオ」は郊外に焙煎所を移し、今も薪の焙煎を続けている。一方、「タッツア・ドーロ」は、「キンボ」つまり、ハイネケングループの傘下となり、サルデーニャ島の新しい大工場では、もちろん薪など使えない。今や、空港など二〇カ国にチェーン展開している。そして、元の主人はじわじわと蚊帳《かや》の外に追いやられてしまったらしい。

おいしいエスプレッソのための四つのMとナポリの3C

さきほどからヴィートは、「ブラジーレ」と書かれた古風な小型マシーンと格闘していた。ヴィートは、カンパーニャ州の地中海を見下ろすオリーブの丘にある伝説の居酒屋「ペルバッコ」の主人だ。居酒屋＝オステリアは、中世の街道沿いに並んだ食堂が起源で、地元のワインや郷土料理がメニューの中心だ。一九八七年、チルコロとして生まれた居酒屋は、現在、海鮮料理の店として人気を博している。

「ちっ、天気を見極めなきゃな。今日みたいに湿気の多い日は、コーヒー豆の湿度も高いから、あまり細かく挽くと蒸気の通りが悪いんだ。詰まってうまくエキスが出ない。ほら、泡が足りない。これじゃ、うまくないんだ」

そう言うと、惜しげもなくそれを捨て、また一から豆を挽き直している。

かつて、これほど人の感性と知性の総動員を要する機械というものがあっただろうか。機械の概念を覆すような、イタリアのコーヒー・マシーン。

ようやく表面を褐色の泡がおおい、満足のいくエスプレッソをヴィートが完成したのは、実に四杯めだった。すると、これを祝福するかのように、ヴィートの背にした窓の向こうで、地中海に光がさし、オリーブの葉がきらきらと輝き始めた。

「あっ、おいしい！」

「長年、別の仕事にかまけていたから、俺も腕が落ちたな。本当なら、もっとうまく淹れられるんだがな……」とまだ無念そうだ。しかし、自分も一杯飲むと、ようやくほっとしたのか、こんな話をしてくれた。

伝説の居酒屋「ペルバッコ」

「おいしいコーヒーを淹れるための四つのMってのは知ってるかな？」

「ええ、ミッシェッラ（ブレンドの仕方）、マチナトゥーラ（豆の挽き方）、マッキナ（性能のよいエスプレッソ・マシーン）、そしてマーノ（人間のわざ）ね」

「そうそう、その四つがそろわなきゃ、旨いエスプレッソにはならないんだが、俺の思うに、この最後のマーノってやつがかなり重要なんだな」

これは実証済みである。

「それじゃ、ナポリの三つのCは知ってるかな？」

「三つのC？」

私は、期待に胸を膨らませてメモを取り出す。

「いいかい、ナポリのバールでだけ見かけるものがある。それは、あのコーヒーカップを温めておくための四角い湯煎器だ」

「そう、だったっけ……」と記憶は曖昧。

「あんなものは、他の土地じゃまず見かけない。すなわち、ナポリの3Cってのは、カッツォ！　コメ・カルド！（Cazzo! Come Caldo! ＝くそっ！　熱いじゃないか！）まあ、ナポリ流に不慣れな客の悪態ってわけだな」と笑っている。

よほど深遠なコーヒー哲学でも伝授されるのかと思えば、肩透かしである。顔をしかめていると、ヴィートがまじめな顔に戻った。

「いいかい、温められたカップは香りを逃さないんだ。カップを温めておくナポリの習慣は、エスプレッソの香りを客に最大限に楽しんでもらうための心づかいなのさ」

翌日、さっそくナポリの老舗カフェ「ガンブリヌス」に寄って確かめてみた。すると、言われた通り、バールマンの手元では四角い湯煎器が湯気を上げていた。

しかし、そこに浸されたカップを彼が手づかみで取り出しているところを見ると、三つのCというほど熱くなさそうだった。

もうひとつ、ここでナポリのこだわりを見つけた。私の前に常連と思しき中年の男女が入ってきてエスプレッソを頼むと、バールマンは、シャンパンでも入れるようなグラスに浄水器の水を入れ、コーヒーといっしょに出した。二人は、水をまず飲んでからカフェに手をつけた。そこで思い出したのは、フィレンツェにあるナポリ人青年の経営するバールで教わったことだ。

「ナポリのちゃんとしたバールでは、エスプレッソを頼むと、必ず、グラス一杯の水が同時に出てくる。これをカフェの後で飲むのは野暮なんだ。必ず、先に水だ。そうやって口の中をきれいにして、エスプレッソをじっくり味わってもらおうってことなんだ。その後もその余韻をずっと楽しむから、水で洗い流してしまっちゃダメなんだよ」

感動も新たにカフェを注文した私には、しかし、浄水器の水がつかなかった。思わず、三つのCの最初の文字が頭に浮かんだが、考えてみれば、立ち飲みの一〇〇円ぽっちのカフェで、毎日、何百人と押し寄せる観光客にまで浄水器の水をサービスすれば、あがったりだ。このくらいの地元贔屓《びいき》は、まあ、よしとしなければなるまい。

カフェ・ソスペーゾ

その昔、ローマの友人が、こんなことを教えてくれた。

「ナポリにはね、カフェ・ソスペーゾと言って、誰か、ゆとりのある人がバールに入って、一杯のエスプレッソを飲んで、二人分のエスプレッソ代を払っていく。すると、その後から懐の寂しい人がやってきて、バールの主人に『カフェ・ソスペーゾある？』と訊ねる。主人がこっくり頷けば、その人はただでエスプレッソを飲めるってわけなの」

何とも粋な文化じゃないか。

しかし、それは古きよき時代の話だろう。自分が暮らしている界隈の人を知っている世界でなければ、そんな風習はなりたたない。だが、かつて「ナポリを見て死ね」と言われたこの街には道路が錯綜し、車が溢れ、「ナポリを見て、排気ガス臭さで死ね」と揶揄《やゆ》されるほどの混乱ぶりだ。下町のバールを出ようとすると、主人が、「荷物には気をつけて。できるだけ、体の線からはみ出さないように、いっそ前に抱えた方がいい。バイク強盗がいるからね」と熱心に忠告してくれる。

そんなふうだから、カフェ・ソスペーゾも、もうきっと昔のおとぎ話になってしまったに違いない。

すると、ヴィートが言う。

「僕の世代までは、みんな言葉を知っているし、スパッカナポリみたいな下町には、まだ残ってるんじゃないかな。よくナポリは水平社会ではなく、垂直社会だって言われているんだ。どういう意味かっていうと、あの街は、伝統的に、いろんな階級の人間が、小さな中庭を共有する古いアパートに垂直に住んでいる。地上階には貧しい庶民、その上に少し裕福な商人、さらにその上には貴族という具合。だからナポリでは、上流階級の人間も日常的に庶民と向かい合って暮らしている。カフェ・ソスペーゾの習慣は、そのナポリの社会を象徴している文化なんだ。残っているといいなあ……」

しかし、サレルノ生まれのヴィートは、ナポリの下町の現状はわからないという。

それからひと月ほどして、ヴィートの親友、セルジョがふらっと日本に遊びにやってきた。久しぶりの再会に居酒屋で盛り上がっていると、セルジョが、唐突に話し始めた。

「ナポリのカフェ・ソスペーゾって知ってるだろう？　僕はね、ナポリの学校に通ったから、あの辺のバールの主人はほとんど知り合いなんだ。それで、今でもよく冗談で、店に顔を出すとさ、『カフェ・パガート（支払い済みのエスプレッソ）はあるかな？』って訊くんだよ。そうしたら、親父さんたちは、『あるけど、お前のためだけには、ないなあ』って笑いながら答えるんだ」

セルジョは、ドゥブロブニク生まれのクロアチア人で、医師だった父親がサレルノで働き始めたことで移住したが、学生時代は大変な苦学生だったという。

「ナポリの下町は温かいよ。僕が一五歳ぐらいの時、本当に貧乏していたから、ピッツェリアの親父なんか、僕から、ただの一度もお金を受け取ろうとはしなかったんだ。だから、今はたくさん友達を誘って、その店に通ってるのさ」

ナポリの下町に育てられたというセルジョは、カフェ・ソスペーゾの心が、今も、人知れず受け継がれていると断言するのだった。

そして二〇一〇年、イタリアにはカフェ・ソスペーゾを復活させようという全国六〇軒のバールの連合が生まれた。戦後の貧しかった時代の助け合いから生まれたナポリの伝統を、全国区にしようというのだ。その後、アフリカからボートで流れ着く難民が増えた頃には、その玄関口であるランペドゥーサのバールで、カフェ・ソスペーゾが大人気だったという。差し当たっての資金がない移民たちにも、ひと息つく時間のコーヒーをシェアしようというわけだ。今の日本も、ぜひシェアしたい文化である。

〝友情の杯〟の謎

ある時、私はヴァルダオスタ州のアンタニョンという町を訪ねた。アンタニョンとはフランス風の名だが、ここはイタリアである。ただ、地元同士で、イタリア語を話すのは妙な感じがするというくらい、普段はフランス語に近いフランコ・プロヴァンス語という方言を話す。アンタニョンは、アヤ渓谷の斜面に石と木で造られた古い家屋が身を寄せ合っている、小さな町だった。

はるばるやってきた理由は、ある友人にこう言われたからだった。

「イタリアのコーヒーと一言で呼んではいけない。多様なんだ。まずはヴァルダオスタへ行ってみるといい。あそこにはグロッラという容器があって、コーヒーを回し飲みするんだ」

グロッラという不思議な響きの名前は、何でもキリストの聖杯からきているらしい。何だか面白そうではないか。

こざっぱりした木造ホテルで、さっそく訊ねてみると、州立の民芸品店を教えてくれた。

すると、いきなり、あるわあるわ、グロッラと思しき木彫りの器が、ところせましと並んでいた。もっと神秘的なお出ましを期待していたが、代表的土産物といった風情。店の人が怪しげに見つめているので、「このグロッラについての資料はありませんか？」と訊ねると、意外な返事が返ってきた。

「それはグロッラではありません。コッパ・ディ・アミチッツィア＝友情の杯ですよ。グロッラは、その上です」

見上げると、そこに、モスクの天蓋めいた先の尖った蓋付きの木彫りの大きな杯が並んでいた。

「でも、コーヒーの本にもグロッラのことが書かれていましたけど……」

「他の地域の人は、まだヴァルダオスタのことをよく知らんのです。二つを混同している人が多い。グロッラの起源はずっと古く、おそらく六世紀頃にまで遡《さかのぼ》る。コッパ・ディ・アミチッツィアはうんと時代が下る。何しろ、この谷にコーヒーが入ってきてからですからね……」

しかし、よく聴けば、二つにつながりがないこともない。

そもそも祭りに使う聖杯を、身近な素材、木でつくったのがグロッラ。これは今も祭りで使うことがあるが、コーヒーとは無縁だ。やがて、それがワインやリキュールを回し飲みするために「友情の杯」の形に変化し、一九世紀にはコーヒーを入れるようになったのではないかという。

膨らんだ円盤状のコッパには、表面に花や抽象模様の浮き彫りが施され、二人分には二つ、四人分には四つ、八人分には八つと、飲み口がいくつもある。

イタリアでも、工芸品職人の後継者問題は深刻だ。もともと自給自足的な暮らしの中で育まれてきた民芸品は、暮らしの変化とともに姿を消そうとしており、自治体は若い職人の養成にも力を注いでいる、と、公務員だという店員は説明してくれた。というわけで、私も二人分の〝友情の杯〟と聖母像を買った。

街で見つけた「サンタ・サン」という若夫婦が経営しているバールで、コッパを使ったヴァルダオスタの名物コーヒーをつくってもらうことにした。

レシピは単純。まず人数分のエスプレッソ、これにグラッパ、ジェネピというニガヨモギなどが入った地方独特のハーブ酒、香りづけにクローブ、オレンジの皮、砂糖を入れる。村によって赤ワインを入れたり、レモンの皮だったりと微妙にレシピも変わるらしい。

飲み口がいくつもある木製の「友情の杯」

そして、もともとは、コッパを湯煎して温めるそうだが、バールではエスプレッソ・マシーンの蒸気で一気に温める。

さあ、飲むぞという段になって、大きな失敗に気づいた。友情の杯を一人で飲めば、ただの強い酒入りコーヒーに過ぎない。すると、そこに足元の覚束ない青年が、ふらふらと入ってきて、コッパを目にするなり、突進してきた。

「ああ、そんなもん、一人で飲んで。あんた、そりゃ、ピストルだよ」と、ご丁寧にこめかみを撃ち抜くふりをしている。夕立ちがやみ、オレンジの光が、コッパを照らした。

ええい、うるさい。飲んでやるわいと持ち上げようとすると、また酔っ払い君が待ったをかける。「まだ、飲んじゃダメ！　火をつけてから飲むんだ」とコッパの蓋をあけ、ライターを近づける。縁にも砂糖をまぶしたグラッパが染み込ませてあり、それが美しい青い炎となって、甘い香りとともにめらめらと燃え上がった。

凍《しば》れる冬のアルプスで、すてきな相手がいっしょなら、どれほど心に染みる美しさだったことだろう。しかし、目の前でゆらゆらしているのは、赤ら顔の青年だった。

「さあ、飲むんだ」と今度はバールの主人。

「あの、火傷《やけど》しませんか」と怯む。

「だから、がばっといかないで、ゆっくり少しずつ……」

そんな状況でいただいた一人友情の杯は、甘いオレンジの香りと限りなく強いアルコールが、すきっ腹には格別に染みわたった。グラッパも、ジェネピも四〇度近くあるのだから。

友情の杯は、好奇心旺盛な観光客の要求に応えてつくる、食後のイベントとして生き続けていた。

山の絶景バールへようこそ

翌日、さっさと帰ろうとバス停へ向かっていると、まるで奈良の正倉院のような木造小屋の続く路地に「三〇メートル先、バールあります」とある。誘惑に負けて路地を進むと、その先に小さな緑の広場が開け、丸太をくりぬいた桶に湧き水が流れ込み、涼しい水音を立てていた。木造三階建ての一階にバールがある。店の名は「ル・カドラン・ソレイユ」。外壁の日時計の下には、フランス語で、こう書かれていた。

「時は渓流のごとく流れ、決して後には戻らない。汝、今を生きよ」

これぞ、啓示である。何でも一五世紀の家畜小屋を利用しているという店で、カプチーノを飲みながら、あれこれ質問していると、やがて、ダヴィデという主人が現れた。日時計の文句を書いた人だった。そればかりか、町長や観光協会の会長もやっていたという彼は、アヤ渓谷随一の事情通で、この国には少なくない燃えるような郷土愛の人だった。

イタリアでも最も早くに非識字率をゼロにしたというのが、アヤ渓谷最大の自慢だ。フランス語は今も学校の必須科目だという。ダヴィデの祖父が、九二歳の時、アンタニョンを訪れたイタリア首相に通りで呼び止められた。祖父は、この時のことを「イタリアの首相はよく教育を受けているね。まるで、わしらのように流暢なフランス語を話したよ」と話していたらしい。

「昔から、独立精神旺盛な自治区だったんだよ」

　自分もカプチーノを飲みながら、ダヴィデは何を思ったのか、中国留学から休みに戻っている娘を呼び出すと、藪から棒にこんなことを言い出した。

「私の店を気に入ってもらって嬉しいがね。アヤ渓谷で最も美しいバールは、別にある。もし君の時間が許すなら、娘といっしょに案内してあげよう」

「30メートル先、バールあります」の看板（上）を頼りに進むと、小さな緑の広場が開け、バールがあった（下）

断る理由など何もなかった。

谷を下って、ふたたび登り、三〇分ほど車で行くと、小さな村の入り口に着いた。「マスコーニャ」と書いてある。

「この村は、もともと反対側の斜面にあったんだが、一七世紀に雪崩《なだれ》で消えてしまった。その時、生き残った村人が、ここに新しい村をつくったんだ。しかし、数年前まで道がなくて飛行機でしか来られなかったから、当時のままの村が奇跡的に残ったんだ。今は、少しずつ修復を始めたとこなんだが、夏だけは五〇人くらい住んでるかな」

当時の石を重ねた家屋や、パン焼き釜も、そのままだった。ダヴィデの愛する究極の山のバールは、この村にあるのだという。

そこからは歩きだ。ダヴィデの後ろから付いていくと、山の中腹に開けた天然の緑のテラスに、年季の入ったチョコレート色の山小屋が建っていた。この地域独特のブルーグレーの石瓦の屋根に煙突が三本（136ページの写真を参照）。その向こうには、明るい緑の渓谷が広がり、重なりながら遠ざかっていく山々の稜線の先、ちょうど小屋の真後ろには雪を被ったモンテ・ローザ（アルプス山脈で二番めの高峰）が気品を湛えて輝いていた。

何たる絶景！

言葉も出ずに立ち尽くしていると、ダヴィデが、満足げに囁いた。

「どうだい、この世の天国じゃないかね？」

きっと元町長が電話でもしておいたのだろう。小屋の入り口では、正装したバールマンが立って待っていてくれた。大きな暖炉とソファーが置かれていた。雪の中で、友情の杯を回すには、もってこいの場所だった。

実はここのバールは、一九〇三年に創業した渓谷の有名な「ブライトホルン・ホテル」の離れで、冬は、スキーにやってくるロマンチックな恋人たちの穴場になっているらしい。一五二〇年代の古い家畜小屋を改装したスイートルームなど、マスコーニャ村の復活とともに別館の宿泊施設も新しくなろうとしていた。

このバールには、宿泊客でなくても使え、食事もできる小さな山小屋風の別棟があった。私たちは、そのテラスに腰かけると、せっかくだからと郷土料理を食べてみることにした。一晩、赤ワインとスパイスに漬けておいたというカモシカの煮込みは臭みがなく、ポレンタ（トウモロコシ粉を練った粥状の伝統料理）は舌触りも滑らかだった。

聞こえるのは小鳥のさえずりばかり、食後のエスプレッソは格別だった。

すっかり満足して山を降りる途中も、ダヴィデはエネルギッシュに語り続けた。

「山のバールの最高峰は、これで君に見せてあげることができたな。冬の雪景色もすばらしいから、また、ぜひいらっしゃい。しかし、山もいいが、イタリアは半島だ。海もあなどれん。海のバールで、私の人生での最高峰はイスキア島だな。あそこには、天然のグロッタ（洞窟）をそのまま利用したバールがあるから、機会があったらぜひ行ってみなさい」

山小屋の向こうに広がる絶景（上）。ダヴィデ、その娘さんとともに、カモシカの煮込みとポレンタに舌鼓を打つ（下）

まるで一幅の絵のようなと、人は言う。けれど、それを普段からいとおしんでやまない人々の暮らしには、あまり思いいたらない。

どういうわけか、イタリアでは、もう少し、この眺めを楽しんでいたい、と思わせるような絶景のそばには、決まってバールがある。しかも、そのバールは、風景を台無しにすることなく、なかなかうまく調和している。

ひょっとすると、毎日、誰でもそこに腰かけて、つくづくと見つめることのできる場所があることが、美しい風景を守るひとつの秘訣かもしれない。それは、二〇〇年以上の年季の入った観光大国の、人間心理をよく理解したしたたかさでもあるだろう。日常から離れた旅の空で、神妙な心持ちになっている人間には、こんな空間が、それはありがたかった。

ル・カドラン・ソレイユは、ダヴィデの手を離れたが、今も地元の人が経営を続けている。

第六章

イタリア人がコーヒーを手にするまで

世界で最初にコーヒーに目覚めたのは誰か？

イエメンのシェハディ修道院に残るという逸話によれば、ある時、カルディという若者が、自分の山羊たちの様子が変だと修道院長に相談にやってくる。山羊たちは、やけに興奮して、夜も眠ろうとしない。

興味を抱いた修道士たちが、この山羊たちを観察していたところ、その中の一人が、山羊たちが、何やら、さくらんぼに似た赤い実のついた植物を夢中になって食べていることに気がついた。よく見れば、その謎の植物は、高原一帯に生えている。

そこで、修道士たちは、その実を摘んで、これを潰して、煎じてみることにした。すると黒く、恐ろしく苦い液体になった。さっそく順番に一口ずつすすってみると、とたん、体中に活力が漲《みなぎ》るような感覚に襲われた。

これさえ飲めば、眠気も、疲労も吹き飛び、夜の祈りも難なく続けられる。修道士たちは、これぞ、神から遣わされた奇跡の飲み物だとありがたがった。こうして、コーヒーは、イスラムのスーフィー（イスラム教の神秘主義）の行者にも広まっていく。

これをイエメンでは、kawek＝カーワーと呼んだが、それは「興奮させるもの、高みへ運ぶもの」といった意味だった。また、別の説では、「羽根のついた馬車で天に舞い上がったという偉大なペルシャの王カイ・カウス＝Kai Kavusにちなんだもの」とされている。

しかし、そのイエメンに伝わったのは、コーヒーの原産地と言われているアフリカのエチオピアからで、その南西部に広がるアビシニア高原のカッファ地方が、そもそもの語源ではないかという説もある。先の逸話にそっくりなものは、エチオピアのキリスト教修道院にも伝わっている。

コーヒーを世界へ広げたのは、オスマントルコ帝国である。小アジアにおこり、一五世紀にはコンスタンチノープルを占領し、エジプトやシリアまでを併合した。

アラブには、おそらく一〇〇〇年頃からコーヒーが伝わっていて、長らく、bunn（ブン）と呼ばれてきたが（エチオピアでは、今もコーヒーをbunnaと呼び、その伝統儀式を大切にしている）、オスマントルコ帝国がイエメンを占領した頃から、「カフワ」と呼び始めた。これがトルコ語の「カフヴェ」となり、イタリアで「カッフェ」に変わり、オランダでは「コーフィー」となって、日本語の「コーヒー」に変化した。

一五一一年、アラブでは、「おお。コーヒーよ、汝は、あらゆる心労を追い散らし、学者たちの渇望の的。これこそ、神とともにある人々の飲み物」とコーヒーを賛美する詩が書かれた。

この頃になると、病に倒れたマホメットのために、大天使ガブリエルが天からメッカの夜のように黒い飲み物を運んできたという伝説が生まれる。これが、キリスト教における聖なる飲み物、ワインと比較され、コーヒーは、イスラムのワインと呼ばれた。

世界で最初のカフェは、誰がつくったのか？

世界最初のカフェが開店したのは一五五四年、イスタンブールでのことと書かれている文献が多いが、どうやら、もう少し前のようだ。

あるシリア人の兄弟が、一五一〇年にカイロ、一五三〇年にダマスカスと、その前に少なくとも二軒のコーヒー・ハウスを始めていたという。メッカの地方長官ハイール・ベイが、メッカのコーヒー・ハウスを閉鎖したのが、一五一一年だという記録もある。

コーヒー・ハウスでは、カフェインのせいか、誰もが饒舌になり、政治や宗教のことを自由に語り合った。一五二四年にもメッカのコーヒー・ハウスが禁止されたが、コーヒー党だったカイロのスルタン（君主）は、これをすぐに撤回。

しかし一〇年後の一五三四年にも、コーヒーはコーランの教えに背くと考える暴徒によって、カイロのコーヒー・ハウスが襲撃され、多くの犠牲者を出した。

その後も、コーヒーの評価は定まらず、自由思想の氾濫《はんらん》を恐れた統治者から、コーヒー・ハウスの経営者や輸入・販売に関わった者が見せしめに処刑されたり、川に投げ込まれたりしたが、そうした弾圧や禁止令も、結局は闇のマーケットを育てたに過ぎなかった。

そんなすったもんだの中、一五五四年、イスタンブールにアレッポとダマスカス出身の二人の商人が開店した二軒のコーヒーハウスが、大変な人気を博す。あっという間にこの町だけで一〇〇軒ほどのカフェが生まれ、大いににぎわった。

オスマントルコの全盛期をもたらした名君スレイマン一世（一四九四〜一五六六年）の統治時代のことだった。このスレイマン一世が、中間貿易を奨励したこともあり、イスタンブールは、世界中からの商人たちや使節団が行き交い、人口四五万人の国際都市になっていく。

一五八七年、世界初のコーヒー読本『コーヒー由来書』を著し、イスラム教徒としてコーヒーの正当化に努めたのが、アブダル・カディだった。

これによれば、一〇世紀頃から、乾燥させたコーヒー豆をそのまま煮出し、薬として用いていたが、焙煎して、香りを引き出して飲むというところに辿り着いたのは、一五世紀になってからだという。こうしておいしくなったコーヒーは、国際都市イスタンブールから、一六世紀、世界に広がっていく。

教皇クレメンス八世、悪魔の飲み物に洗礼を施す

このイスラムのワインと呼ばれた黒い飲み物を、カトリック文化圏の信心深い人々は、長いこと、疑り深い目で見守っていた。

ある枢機卿《すうききょう》は、思いっ切り眉をひそめている。

「イスラムで流行っているあの黒い飲み物は、悪魔がもたらしたものだ」

そこで、よく知られているのが、教皇クレメンス八世(一五三六〜一六〇五年)が、この悪魔の飲み物を認め、洗礼を施したという逸話である。

『コーヒーの香り』(未訳、アルド・サンティーニ著、M・P・ファッツィ社)によれば、ローマの司教は、この教皇の試飲の際、以下のことを考慮してくださいと進言した。

まず、マホメットが、この飲み物を、キリストにおけるワインになぞらえていること。

次に、罪のように真っ黒なその色は、間違いなく地獄から遣わされた飲み物であり、キリスト教徒たちの魂を救済すべく、直ちに、この飲み物を禁じるべきである、と。

教皇は考え、慌てて決断を下す前に、まずはみんなで試してみましょう、と提案する。司教たちの反対を押し切り、パリで刊行されたばかりの暦書を取り寄せると、これに書かれていたレシピ通りにコーヒーを淹れさせた。

出来上がったそれは、真っ黒で湯気を立て、まさに地獄を連想させた。ただ、意外なほどいい香りが、司教たちをも動揺させた。

「悪魔のしわざだ」と呟く者もいる。

「砂糖は入れましたか？」

教皇はすまして、賄い女に尋ねる。

「ええ、三杯ほど」

「多過ぎないかね」と呟き、いぶかしがる司祭たちを前に、口をカップに近づける。

「熱くないですか？」と賄い女。

「少しばかりね」と、またすする。二口め。

息を止めて見守る司教たちに向かって、教皇は、こう告げた。

「どんな悪魔が、これにとりついているんでしょうね？」

三口めを飲むと、その顔が満足げに輝き、底に残った砂糖を丁寧にスプーンで舐めて、また鼻を近づけて香りを嗅いだ。

そして「悪魔を払うために、洗礼を施しましょう」と告げたという。

これは一六〇〇年のことだと言うが、歴史家の中には、その頃、イタリアではまだコーヒーは知られていなかったと「コーヒーの洗礼」に否定的な人もいる。ちなみにクレメンス八世が教皇の座にあったのは、一五九二年から異端審問会で脳卒中で倒れる一六〇五年まで。

しかし、私には、あながちつくり話でもないように思える。この逸話だけを見れば、まるでユーモアのわかる水戸黄門のような爺さんを連想するが、実像は、ちょっと違う。

クレメンス八世は、フィレンツェの貴族アルドブランディーニ家の出身で、大変な教養人で相続した遺産も莫大だったが、縁者びいきが過ぎた上に、庶民の福祉や教会の改革にはほとんど貢献しなかったようだ。

トレント公会議でフランスとスペインの和解に成功、イギリスのヘンリー四世の破門を解き、その上、一六〇〇年の大聖年にはローマにヨーロッパ中からの巡礼者たちを集めて、経済の活性化を図った。同時代人の画家であるカラヴァッジョは趣味に合わなかったのか、ほとんど無視した。どうして、どうして、したたかな計算高い教皇だった。それだけ交友関係も広ければ、当然、コーヒーくらい手に入れていたとしてもおかしくない、と思うのだがどうだろう。

傷心旅行のコーヒーは、やっぱり苦かった?

ピエトロ・デッラ・ヴァッレ(一五八六〜一六五二年)というローマの貴族は、詩人で教皇庁の軍人でもあった。そして彼は、二八歳の時、ある辛い恋の思い出を忘れるために中東に旅に出た。

昔の傷心旅行はスケールが違っていた。彼は、一六一四年、ヴェネチア港から旅立ち、なんとそのまま一二年も帰ってこなかった。

彼は、アレキサンドリア、カイロ、エルサレム、ダマスカス、アレッポ、バグダッド……各地を旅しながら、ローマの人文主義者のクラブで出会った友でナポリ人のマリオ・スキパーノに五四通もの手紙をつづり、これが、今では当時の東西の文化交流を知る上で貴重な資料になっている。それによれば、彼もコーヒーを飲んでいる。

トルコ人たちには、黒い色をした別の飲み物があります。夏には、体を涼しくしてくれ、冬には、逆の効果があります。しかし、いつも熱すぎるほど熱くして、少しずつすすりながら飲みます。食事中には飲まず、食後、楽しむために、あるいは健康のために飲むのです。

（ピエトロ・デッラ・ヴァッレ『第三の手紙』未訳、ガンチャ、一八四三年）

その当時から、アラブのコーヒー文化がいかにスローだったかについても触れている。

この飲み物はカッファと呼ばれ、公の祭りだったり、個人的な暇つぶしのためだったり、おしゃべりをして時を過ごすために、時には七時間も八時間もかけて飲むのです。私もこの夏、うりの種をつまみながら、涼しくなろうと、これを飲んでみましたが、とても気に入りました。

（同）

さぞかし、傷心旅行で口にしたコーヒーの味は苦かったろうと思っていたら、さすがは、恋には前向きなイタリア男。調べてみると、長旅の間にシリア人のキリスト教徒である女性とちゃっかり結婚している。

ところが、その妻とも一六二一年に若くして死別。たった三五歳で男やもめになってしまったと同情するのはまだ早く、ローマに戻ると今度は先妻が引き取った戦災孤児のグルジア人少女が成人するのを待って再婚し、幸せに暮らしたそうな。

その上、当時の西洋知識人たちのアラブ諸国への好奇心は大変なものがあったようで、その紀行文は、生前にローマで英訳、仏訳、独訳が出版された。総じて楽しい人生だったと言えよう。

この手紙の中で、デッラ・ヴァッレは、帰国したらコーヒーをぜひイタリアに紹介したいとも書いている。このローマの知識人が珍しげにコーヒーを記述する様子は、多くの歴史家たちが、クレメンス八世の逸話を眉唾だという根拠にもなっている。ただし、教皇庁の頂点に立つ者と、人文主義サークルの詩人では、同じローマでもさほど接点はなかっただろう。デッラ・ヴァッレが、すでに教皇が口にしていたコーヒーの存在を知らなくても、不思議はない。

イタリア最初のカフェは、いつ、どこに？

イタリア最初のカフェについては、ヴェネチアのサン・マルコ広場に一六八三年に「ボッテーガ・デル・カフェ」ができたという記述が残っている。

しかし、イタリア最初のカフェは、どう考えても、もう少し早かったように思う。一六七五年、イギリスでチャールズ二世が、反乱分子の溜まり場になるという理由から「コーヒー・ハウス」禁止令を出しているし、その三年前には、ロンドンだけで一〇〇軒くらいのコーヒー・ハウスが存在したとある。一六五二年には、このロンドンで、ギリシャ系シチリア人のパスカ・ロゼが「コーヒー・ハウス」を開店しているので、この時、すでに母国イタリアにあったと見るのが普通だろう。

イギリスだけではない。アムステルダムにも、一六六六年にすでにカフェがあったようだし、マルセイユでも一六七一年にはオープンしていたという。

そこで、多くの研究者は、一六四五年にはもうヴェネチアにあったらしいと書く。

イタリアで初めて地方料理の集大成を試みた『料理の科学と美味しく食べる技法』の著者、ペッレグリーノ・アルトゥージ（一八二〇～一九一一年）は、コーヒーの章にこんなことを書いている。

「ヴェネチアは、東方との関係からイタリアで最初にコーヒーを飲み始めた。おそらく一六世紀末だろう。しかし、最初のコーヒー店は、一六四五年に開業したと思われる」

残念ながら、その根拠は書かれていない。ひょっとすると、四五年説を主張する多くの専門書も、この記述を基にしているのではないか。

それなら、コーヒー豆がヴェネチアに正式に輸入され始めたのはいつ頃だろう。ヴェネチアの年代記を読み漁ってみると、一六一八年から一六二二年の間に、チョコレートやバラのリキュール（ロゾーリオ）とともに、コーヒーを買ったという記録を見つけた。諸説紛々だが、早いところでは、『食の歴史』（藤原書店）の著者の一人、アラン・ユエ・ド・ランの一五七〇年以後説がある。

その頃、ヴェネチア共和国は、トルコと微妙な関係にあった。

一五三〇年頃には、フランス・トルコ同盟と、スペイン・イタリア同盟によって海洋の覇権が争われていたが、ヴェネチアは交易のために何とか中立を保っていた。そのうち、一五七一年にトルコ軍はレパントの海戦で敗退。

そんな緊迫した状況の中でも、ヴェネチアとトルコ間をいろいろな物資が行き交っていた。ヴェネチアは、スパイスなどをトルコから輸入し、毛織物、鏡、宝石などをトルコの上流階級に向けて輸出していた。

当然、人も行き来する。

たとえば、記録に残っているところでは、ヴェネチア大使として、コンスタンチノープルに一五八二年から三年間滞在したジャンフランコ・モロジーニがいる。彼は、一五八五年の手紙にこう書いている。

「ほとんどの（トルコ）人たちは、健康のためにといって座り続け、公の場で飲んでいます。通りのコーヒー店では、身分の低い者だけでなく、要人たちまでが、その飲みづらいほどに熱くした黒い水を飲みます。カッフェという種でつくられていて、飲めば目が覚めるという徳があると言います」

そして、モロジーニは、この種を紙に包んで持ち帰ったという。

一五九二年、『エジプト植物誌』という著作において、あるトルコ人の農場でアラブ人やエジプト人がワインの代わりにしている飲み物の原料となる木を見たと書いているのが、パドヴァ大学の植物学者、プロスペロ・アルピーニだ。その「エジプトにある黒い飲み物は、チコリに似た苦い味がする」と。彼がエジプトへ旅をしたのは、一五八〇年代のことだったという。

さらに、こんな人もいる。たとえば、ウーディネのヴェネチア臣民として生まれたユダヤ人で、パドヴァで薬学を修めた医師ソロモン・アシケナージ。

彼は、ポーランド王のもとで働いた後、トルコのスルタンに仕えた。一五七三年には、ヴェネチアとトルコの和平交渉にも尽くし、翌年、セリム二世の大使としてヴェネチアに帰還している。

当時の国際都市イスタンブール（コンスタンチノープル）は、すでにコーヒー店で溢れていた。記録はないが、薬学の専門家だったアシケナージが、コーヒーを携えて来なかったとは考えにくい。

『コーヒーの歴史』の著者で歴史家のジョナサン・モリスも、ヴェネチアで殺害されたトルコ人職人の目録に、コーヒーを淹れる用具が記録されていることから、一五七五年には水の都に存在したと指摘している。

こうして、トルコの船がコーヒーをヴェネチアに持ち込むようになり、最初は高価な薬として薬局で売られ始めたが、そのうち最初の「ボッテーガ・デル・カフェ」が一六八三年に生まれた。ただ、こうして見ていくと、どう考えても最初のカフェは一六八三年よりずっと前にあったように思える。

それは、一六四五年なのか、あるいは、もっと前なのか？

新説。最初のカフェは、リボルノだった？

世界はヴェネチアばかりに注目しているが、イタリア国内には、これに異議を申し立てる研究者もいる。

当時、ヴェネチアは、トルコとの交易において特権的な権利を手にしていたが、そこだけに物流が一本化されていたわけではない。当時のイタリアは、モザイク状の地方国家や共和国の集合体に過ぎなかった。イタリアが統一されるのは、二〇〇年後のことである。

その頃、コーヒーを最初にイタリアに伝えたのは、地中海をさすらい、トスカーナに流れ着いたユダヤ人たちだったという説がある。彼らの祖先は、一四九二年、スペインから追放され、オットーマン帝国にも、イタリア半島にも新天地を求めて移住した。そのうち、東と西の交易の中で極めて重要な役割を果たすようになっていった。

一五九三年、トスカーナ大公が発令したリボルノ法によって、海から流れ着いたすべての者は、自由であるとされた。トスカーナ大公は、彼らをむやみに異端審問官などに引き渡してはならないと戒めた。そうやって、東方とも交易し、多くの技術と財を蓄えているユダヤ人たちをフィレンツェの発展のために利用しない手はないと考えた。

これらの状況証拠から、グイド・ベダリーダという研究者は、一六三二年、リボルノに最初のカフェが誕生していたと主張している。

同じリボルノ出身のジャーナリスト、アルド・サントーニがこの説を擁護している。

スペインは、早くにアンダルシア地方がアラブに占領されたことで、コーヒー文化を吸収し、やがて、トレドか、サラマンカにヨーロッパでも最初のカフェが生まれた。そして、リボルノに自由人として迎え入れられたユダヤ人たちは、お礼にと、大陸から入手したトマト文化とともに、コーヒーの袋を持参したという。

そう言えば、前出のアルトゥージの本には、一六五〇年代、フィレンツェではレモネード売りが、すでにチョコレートやコーヒーを街角で売り歩いていたとある。

高価な薬として最初は特権階級に広まり、専門店が生まれ、その後、街頭でまで売られ始めるというプロセスを考えると、一六三二年、最初のカフェ説は一理あるかもしれない。

これを裏づけるかのように、最も初期に描かれたコーヒーとして知られているのが、スペインの画家、スルバランの静物画『レモン、オレンジ、そしてコーヒー・カップとバラ』(ロサンジェルス、ノートン・サイモン財団)である。

カップいっぱいに注がれたコーヒーが射光に照らされ、神々しく輝く柑橘《かんきつ》類やバラとともに、見つめるものに香ばしい匂いの三重奏を喚起させる名作は、一六三三年の作である。この頃には、スペインの上流階級では、コーヒーがすでにポピュラーな存在だったことを物語っている。

ますます、リボルノの亡命ユダヤ人伝播説が有力に見えてくるではないか。

そんなわけで、もしも、イタリアで「どこが最初のカフェ？　シンポジウム」が開かれたならば、ヴェネチア学派とトスカーナ学派の間で激論が交わされることだろう。そこに意外や、シチリア学派が新説を手に殴り込みをかけるかもしれない。

ともあれ、一軒めではなかったとはいえ、一六八三年、サン・マルコ広場に「ボッテーガ・デル・カフェ」が開店した頃、ヴェネチアの政治家たちは、やれ女性をカフェに通わせないようにしなさいとか、真夜中には広場から椅子を引きあげ、せめて夜中の二時には店を閉めるようにと、やいのやいのと規制にかかったが、それでも収拾がつかないほどだったという。

その店は消えてしまったが、一七二〇年、「カフェ・デル・ヴェネチア・トリオンファンテ（凱旋のヴェネチアカフェ）」という名で生まれ、後に「フロリアン」の名で親しまれるようになったカフェは、今も続いている。その頃になると、水の都はもうカフェだらけで、一七六三年には、二一八軒ものカフェがひしめきあっていたという。

夏ともなれば、サン・マルコ広場やその周辺には、夜でも昼間のような人通りである。カフェは、あらゆる類の男女で溢れ返り、広場でも、通りでも、運河でも、歌をうたっている。

(M・F・ダッロリオ、A・フォルティス『放浪の美食家、ジャコモ・カザノヴァ』未訳、リッチャルティ&アッソチャーティ社)

カザノヴァは、このカフェで、ショコラやコーヒーを飲むのが好きだった。そのほかにラム、アクアヴィット、マラガのワイン、英国人ラッセル卿が発明したパンチ(前述)などが楽しめた。

また、新大陸からもたらされたショコラは、注文が入ってから三〇分も混ぜ続ける、これでもかというほどカカオの入った濃厚なもので、これとパン・ディ・スパーニャ(スポンジケーキ状のお菓子)をいっしょにいただくのが、朝の定番だった。おいしそうだ。

ただ、当時のコーヒーは、挽いた豆の粉を布に詰めて、湯でゆっくりと抽出するというものだった。エスプレッソの発明まで、あと二世紀ほど待たねばならなかった。

第七章

コーヒーをめぐる
おもしろ名言集

disegno di
Giovanni Mulazzani

原始人は、バールというものを知らなかった。

朝、目を覚ました時、すぐさま、その頭蓋に強いコーヒーへの渇望を感じたものの、コーヒーはまだ発明されておらず、原始人は、猿人特有の表情を浮かべながら、額にしわを寄せるしかなかった。

そう、まだバールさえなかったのである。

(ステファノ・ベンニ『バール・スポーツ』未訳、フェルトリネッリ社)

ボローニャの小説家、ステファノ・ベンニ(一九四七年〜)の傑作ユーモア小説『バール・スポーツ』の冒頭である。コーヒーへの渇望が、原始の心に宿っていたなんて、イタリア人が、いかにエスプレッソとバールに執着しているかがわかる。

一九七六年にモンダドーリ社から出版されたこのユーモア小説は、初版から四〇周年にも、フェルトリネッリ社からスペシャル・エディションが出版されたほどのロングセラーで、ヒューマニズム小説の古典とさえ呼ばれている。

その間、待望の『海辺のバール』(186ページの写真を参照)、第三弾の『バール・スポーツ2000』も出たが、残念至極、邦訳が出ないのは、あまりにイタリア的でローカルな話題に満ちているせいだろうか。

椅子から動こうとしないブタ猫、旧式テレビの下で口を開けて居眠りする老人、無口なエンジニアと胸の大きなキャッシャー嬢の恋、すべてを病と死に手繰り寄せる老婆たちの会話、なかなか注文がとれない透明人間……バールに通う人々の大法螺話《おおぼらばなし》めいたショートショートは、イタリアのバールをますます好きにさせてくれる。ベンニにとって、バールは、よくも悪しくも人間性解放の場であり、現代イタリア社会の縮図でもあった。

あらゆるイタリア人は、貧乏のどん底にいるひとでも、何かの特権をもっている。何者でもないひとは、いない。冷静な観察者にいわせれば、その特権なるものは、空想のなかにしかないことが多いという議論がでるかもしれない——が、主観的には、その特権が、イタリア人を生かしている天才の恵みなのである。

(中略)

アンドリア市のあるバールに、五人の長距離トラックの運転手が現われて、それぞれのコーヒーを注文する。第一の男はモルト・ストレットの、第二の男はマッキアートの、第三の男はコン・ラッテ・カルドのコーヒーを頼み、第四の男はカプチーノを所望する。最後の男はしかし、店じゅうにひびきわたる勝ち誇った大声で叫ぶ――

「ダブルのエスプレッソ、それにミルクを特別に！」

（H・M・エンツェンスベルガー『ヨーロッパ半島』石黒英男他訳、晶文社）

それぞれに違うということが、そのアイデンティティを支えているヨーロッパ。ドイツの詩人によるこのエッセイ集には、ゲルマン人の眺めた太陽の国イタリア人たちの姿が生き生きと描かれている。

五人が五人とも、ばらばら。モルト・ストレットは、うんと濃いエスプレッソ、マッキアートは、ミルクをほんの少しだけ垂らしたもの。コン・ラッテ・カルドは、温めたミルクを加えたもの。カプチーノは、蒸気で泡立てたミルク入りである。

しかし、詩人は、その中でも第五の男の勝ち誇ったような様子に着目する。その優越感は、どこから来るのか。いったい何が自慢なのだ。不思議そうに見つめながら、詩人はそこに、日常のささいなことを最大限に楽しもうとする深い人生哲学を見る。

コーヒーなんぞという小さなことに、笑ってしまうほどの執着を見せるイタリア庶民。その毎日、口にする食べ物への強いこだわり。それは、そのまま〝俺様〟の生き方に直結し、これを大げさに表現することで、満足中枢は刺激され、その日常にきらきらと輝く魔法の粉を吹きかける。

「で、みんな何にする？　カプチーノ？」

「じゃ、私も」

「俺もおんなじ」といった消極性や、みんな違うものを頼んだら、お店の人が面倒だよね、などという日本的配慮は、何の評価もされない。

そして、イタリアの一杯のコーヒーへの執着は、美食のスノビズムとは無縁な何かなのである。

おいしいコーヒーは、
夜のように黒く
地獄のように熱く
恋のように甘い
（ミハイル・A・バクーニン〈一八一四〜一八七六年〉『コーヒーの香り』〈前出〉より）

バクーニンは、ロシアの思想家、モスクワでヘーゲル哲学にかぶれ、パリでプルードンの影響を受けて無政府主義者となる。一九四八年にはパリ暴動に参加、いづらくなってドイツに逃亡。ロシアへ引き渡され、死刑の判決を受けながら、一一年間、ロシア各地の牢獄を転々とする。ついにシベリア流刑となるも、帆船で日本、アメリカへと逃亡し、最後はロンドンへ行き着いた。

これほど不自由な思いをした人だけに、ロンドンのカフェで、一杯のコーヒーをいただく幸せを噛みしめずにはいられなかったことだろう。

しかし、どこかで、誰かが似たようなことを言っていたなあ、という読者も多いことだろう。それは、フランスのナポレオン政権時代の名大使タレーラン・ペリゴール(一七五四〜一八三八年)の言葉である。

悪魔のように黒く、
地獄のように熱く
天使のように純粋で
恋のように甘い

そっくりである。

おいしいものには、右も左もなく、主義主張とは馴染まない。コーヒーを熱愛したのは、体制や権力を憎んだ少数派ばかりではなかった。

バクーニンと同じく貴族の出身だが、タレーランは、生まれつき片足が不自由だったことから聖職者を目指した。ところが、革命の時、教会財産の没収を主張し、破門。

大好きなコーヒーをめぐる言葉も、いろいろあって世俗に戻ったカトリック教徒らしい。

しかし、タレーランが言い出しっぺか、というと、すこぶる怪しい。

夜のように黒く
心のように熱く
花のように純粋で
恋のように甘い

ヴェネチアに古くから伝わるコーヒーについてのことわざである。

よく似ているが、共和国時代、ローマの教皇庁と対立しながら海外との交易を続けたヴェネチアらしく、地獄や天使といったカトリック的世界観を一切、取り込んでいないのが特徴。

こうして三つを眺めてみると、最も詩心をそそられるのは、ヴェネチアのことわざのようにも思われる。

ところが、これも、そもそもはコーヒーといっしょにアラブ人が水の都に伝えた言葉ではないかと言うのだ。

地獄のように熱く
インクのように黒く
愛のように甘い

これは、アラブ諸国に伝わるコーヒーについてのことわざ。砂漠の暮らしが生んだ深いリアリズムの底に激しさを秘めた感じとでも言おうか。

考えてみれば、コーヒーだけでなく、パンも、アーモンドも、蒸留技術も、偉大なるアラブの恩恵である。

それにしても、どれにも共通しているのは、〝恋のように甘い〟というフレーズ。

イタリア人には、よほどこの文面が刷り込まれているものと見える。

イタリアのバールでは、しばしば、それじゃ、コーヒーが染み込んだ砂糖ですよとつっこみたくなるほど、二杯も三杯も砂糖を入れるおじさんたちの姿を目にする。砂糖は毒だと言われて久しい日本人には、衝撃である。あるいは、それほどに甘い恋を渇望しているのだろうか。


40人の騎士と戦い、40人の女たちを喜ばせることができた。

（マホメットがコーヒーと思しきものを飲んだ際の感想。

『コーヒーの香り』〈前出〉アラブの伝説より）

これは、イスラム教の開祖、最後の預言者マホメットにまつわる伝説で、何でも病に伏していると、アラーに遣わされた大天使ガブリエルが〝メッカの聖なる石のように黒い飲み物〟を運んできた。そして、これを飲んだら、にわかに元気になったという。

四〇人とは大きく出たものだが、このパワフルな飲み物こそが、コーヒーなのではないか。

コーヒーの医学的効果については、その昔からたくさんの医師たちが熱心に論じてきた。なかでも、コーヒーは、〝その気にさせる〟飲み物なのか、その反対なのか、という部分に的を絞ってみるとしよう。

まず、イタリア人は、どう考えていたのか。

ここに一六九一年、ボローニャの医師アンジェロ・ランバルディィの手になる『この上なく美味なるアラビカ』(未訳、ロンギ)という貴重な本がある。半島にコーヒーが伝わって、やっと一〇〇年ほどが経過した頃だ。

その中で、アンジェロ医師は、コーヒーは「頭脳を明晰にし、眠気を促しもするが、むしろ、しばしば眠気を覚ましてくれる。そして泥酔への対処策であり、めまいを抑え、記憶を助けてくれる」と肯定的である。眠れる人も、眠れなくなる人もいるという曖昧さが、かえって信頼できそうである。

面白いことに、このアンジェロ医師、すでにダイエット効果についても言及している。

「コーヒーは体にとって滋養なのか、それともやせさせるのか」。いわく、「アラブの貧しい商人たちは、朝、何も食べないうちに、まずこの健康的な飲み物をとり、さらに一日中、他のものを食べもしないで激しい労働をし、筋肉質でさえある」。

滋養満点、と言いたいのかと思えば、「コーヒーは、尿道からたくさんの水分を排出させる」と利尿効果にも触れ、やせる可能性を仄《ほの》めかす。かと思いきや、「胃の消化を助けるとなれば、かえって太ることにもなる」と首を傾《かし》げる。どうもダイエットには、あまり効かなそうである。

さて、注目すべきは、「ヴィーナス感覚を妨げるか」。表現はうるわしいが、つまり、催淫効果についての最後の章。

まず、スルタンが、馬の去勢をしようとしていた女に、そんな残酷なことをしなくても、〝冷淡で、呪われている〟お前の旦那のようにコーヒーを飲ませればいいじゃないか、と皮肉ったという逸話を披露する。

ということは、当時のトルコにも、マホメットの逸話と対極の考え方は流布《るふ》していたことがわかる。

しかし、アンジェロ医師は、いきなり、自分は反対の考えだと言い出す。なぜなら、あれほどコーヒー好きのトルコ人たちはみな子沢山だから。そして、藪から棒に「私の個人的経験からも言えます。私は三六歳から今までずっとコーヒーを飲み続けてきましたが、私の最初の妻はいつも妊娠していましたし（気の毒に……：筆者）、六〇歳の時に再婚した二度めの妻との間にも、すでに二人の息子がおり、あと四カ月で三人めが生まれるのであります」と結んでいる。

アンジェロ医師が、こう力説したのには理由がある。

一六七四年、ロンドンで「コーヒーに反対する婦人たちの請願書」が出され、「いまだかつて、男たちがこれほど大きすぎるズボンをはいたことも、また情熱というものをこれほどわずかしか持ち合わせなかったこともありません」、コーヒーのせいで、「優しい色男たちは不能になってしまった」と訴えられたのだ。

これに対し、イギリスの男たちは大いに反撃。不能どころか、「勃起をより力強くし、射精をより完全にし、精液に霊的性格を添える」と応戦した（『コーヒーの歴史』〈前出〉）。

アンジェロ医師の論文は、その援護射撃だった。

そして、この文面を、ヴェネチアが生んだ愛の求道者、ジャコモ・カザノヴァが読んだかどうかは知らないが、彼は、大変なコーヒー党だった。

一七七三年、ゴリツィアのトッリアーノ家でコーヒーを運んできた召使いに「恐るべきことに、砂糖が入れられていた」と悪態をつく稀有《けう》な無糖派で、ナポリではミルクコーヒーも拒絶しているところをみるとブラック派でもある。

そのカザノヴァは、しばしば朝、晩の寝室に、女たちにコーヒーを運ばせており、まるで愛の妙薬のように考えていたふしがある。

そんな効果もあったのか、と小躍りするコーヒー党の読者をがっかりさせるようで申し訳ないが、『イメージ・シンボル事典』（アト・ド・フリース著、山下主一郎他訳、大修館書店）のコーヒーの章には、冒頭から〝性欲抑制の働きあり、不能の原因になりうる〟とある。現代でも否定的な意見が主流らしい。

それならば、医師たちは、ここへきて何と言っているのだろう。

『カフェイン大全』（前出）という分厚い本には、カフェインとダイエットの章に「長いあいだ、陸上競技のランナーや耐久レースの選手の運動能力向上に使われてきた」ように脂肪酸代謝を高める。さらにこれを摂取していると「疲れを感じにくく、そのために長く努力を続けられる可能性がある」とダイエット効果さえ匂わせている。

愛のいとなみをスポーツのひとつだと考えれば、マホメットの逸話も、あながち眉唾ではないかもしれない。ただ、カフェインは心拍数や血圧を高めるので、高血圧の人や冷え性の人は控えた方がいいようだ。

「カフェインが、パーキンソン病を予防し、その進行を遅らせる」のではないかという研究報告は、二〇一七年にもサレルノ大学のジョヴァンニ・デファツィオ教授が神経学会で発表した。だが、驚いたのは、二〇〇〇年、ホノルル復員軍人医療センターの医師、G・ウェブスター氏による、一九六五年来、のべ八〇〇〇人の日系アメリカ人を対象とした研究結果だ。

それによれば、コーヒーを飲まない人の発病率が、年に一万人中一〇・四人なのに対し、日に五杯ほど飲む人の場合、一・九人と激減したという。主な要因は、パーキンソン病患者では極端に分泌量が少ないドーパミンの分泌を促すからではないか、という。

そこで思い出すのは、ドーパミンとは脳内の恋愛ホルモンとも呼ばれているということ。コーヒー好きのイタリア人が、やたら惚れっぽいと思われているのも、一理あったのだろうか。

そして、前出の『カフェイン大全』の「カフェインと生殖能力」の章。「カフェインは体内の全細胞にやすやすと浸透するため、男性の生殖組織と精液のカフェイン濃度は血液中の場合とまったく同じになる」。もし、大量に摂取すれば覚醒の度合いが過ぎて、生殖行為への有効性は低下するが、適度に摂取するなら「子供をつくる一助となるかもしれない」と、耳半分に聞いておいた方がよさそうだというくらい意外な結論だった。

しっかりと目覚めているように、
日に四〇杯のコーヒーを飲む。
そして、暴君や愚か者どもといかに戦うかを、
考えて、考えて、考えるのである。

（ヴォルテール〈一六九四～一七七八年〉
『コーヒー、神話と現実』〈前出〉）

詩人にして哲学者のヴォルテールは、歴史に残るコーヒー中毒だった。やはり、考えることについては、誰にもひけをとらないカントやベートーベンでさえ、日に五杯くらいだったのだ。これほどのコーヒーを胃の腑に流し込めば、さすがに胃酸過多か、でなければ、考え過ぎで早死にしたに違いないと勘ぐってしまう。

彼に負けない無類のコーヒー党のためにつけ加えておくと、ヴォルテールは、晩年にこう言い残している。

「友人たちは、少し飲む量を減らしたらどうかと勧めるのだが、私は、こう答えた。

おそらく、毒には違いないが、きっとゆっくり効く毒なんだ。すでに六〇年、こうして飲み続けているが、今のところ、わが健康に悲しい影響は見当たらない……」(『コーヒー、神話と現実』〈前出〉)

人生五〇年の時代に八二歳まで長生きしているところをみると、説得力はある。

さて、コーヒーと健康についての話題はこの辺でやめにしよう。ヴォルテールの鼻息荒い名言のポイントは、別のところにある。何度も投獄されながら、命がけで封建制度や専制政治の批判を続けたヴォルテールがカフェを熱愛した理由は、それが、トルコで大流行した時代からずっと「自由と解放」というイメージと結びついてきたからだ。ヨーロッパのカフェは、常に反体制派の溜まり場となり、反乱分子の巣窟となってきた。

コーヒー研究家のH・G・ジェイコブは「イタリアの炭焼き党も、スペインの革命家も、ギリシャの自由の戦士たちも、みんな眠っていた者たちは、ヨーロッパのカフェに集まっていた」と書いている。

政治運動だけでなく、フランスのシュールレアリズム運動も、イタリアの未来派も、芸術運動もみなカフェで生まれた。長い歴史の中でコーヒーの香りは、自由と解放と結びついてきた。その歴史的刷り込みは、日本の戦後にも大きくこだまし、インスタント・コーヒーにさえ、特別な息吹きを与えてきた。

自由と解放。だが、もはや失われた世界のものなのだろうか。客がセルフサービスのルールをすっかりわきまえた静かなカフェの一角で「だったのになあ」とため息をつく。

健全な心を持った人間たちよ、
コーヒーを飲み、恥知らずな嘘をつく
中傷者たちを気にかけるな。
さあ、飲みなさい、寛大になりなさい。
なぜなら、その香りは、心配事を吹き飛ばし、
その炎は、日常生活の悩ましい思いを灰にしてくれるだろう。

（ハジブン・ディ・メディーナ〈アラブの法律家〉
『コーヒー、神話と現実』〈前出〉より）

ヴォルテールとは対照的に、アラブの哲人は、コーヒーを飲むにあたって、差し当

たりあまり考え過ぎないことを勧める。

それにしても、一杯のコーヒーが人を寛大にする、という発想は美しい。

イスラム圏のコーヒーの飲み方は、今もスローである。トルコのチャイハネ（お茶屋）では、何時間でも悠然と飲んでいる。そこで出されるいわゆるトルコ・コーヒーは、飲み方もスロー。エスプレッソより細かく挽いたコーヒー豆の粉が、カップの底にすっかり沈殿するのを待ってから、そろりそろりといただく。

そのかぐわしい香りが、日常の憂さを忘れさせてくれる、という発想も前向きで、実用的である。

働かないことに疲れた息子に一杯のコーヒー、人生にほとほと疲れた親父にも一杯のコーヒー、ヒステリーを起こしそうな妻にも一杯のコーヒー、そんな様子に戸惑い気味の異邦人にも一杯のコーヒー、明日の食費に事欠いても、とりあえず仲間と一杯のコーヒー……。

イスラムには、これからも、もっともっと学ぶべきものがありそうだ。

イタリア人は、コーヒーについて、誰もが一家言ある。しかし、実際にはコーヒーのことを少ししか、あるいは、ほとんど知らない。

私たちのバールで飲む濃いコーヒーは、とても苦く、飲みにくい。

私に言わせれば、美食家向けではないのである。

（『コーヒーの香り』〈前出〉より）

何事にも一〇人がもろ手をあげて賛成するような社会は、イタリア人にとって不健全な社会である。多数派が「はい」と言っても、少数派が「嫌だ」と声高に唱えてこそ、社会は健全であると考えているふしがある。

そうした意味で、この「エスプレッソなんてまずいぞお！」宣言もまた、一〇人中九人がエスプレッソを信仰する国で、拝聴すべき少数派の意見であり、イタリア的だ。

前述のサントーニ（第六章参照）と同じトスカーナ人で、グルメとして知られたテレビ司会者の故ベッペ・ヴィガッツィも、その少数派の一人。

ある朝の人気ヴァラエティ番組にゲストとして出演していた彼は、こともあろうに、最大手の焙煎会社「ラヴァッツァ」がスタジオに特設した広告スポットを持っているその番組で、こう言ってのけた。

「私に言わせれば、あんなに濃いカフェを日に四杯も、五杯も、しかも立ち飲みするなんて習慣は、イタリア人が生み出した、思いつく限り最悪の習慣ですな」

さすがに美人司会者は、眉をひそめて「ベッペったら、困った人ねえ」とフォローにもならないことを口走り、画面は凍りつく。だが、すでに還暦を過ぎた彼には、怖いものなど何もないのだろう。スポンサーの顔色ばかり気にしたテレビの予定調和などわしが叩き壊してくれるわい、といった確信犯の笑みを浮かべて、立っていた。

どうです、これがコーヒーです。……カカオの風味だ。
ごらんなさい。何と小さなことが、人を幸せにするんでしょうな。
たっ た一杯のコーヒーを、ゆったりとおもてでいただく……
(エドゥアルド・デ・フィリッポ『あの幽霊たち』未訳、エイナウディ社)

ナポリの崩れそうなアパートの中で、さまざまな幽霊たちが繰り広げる喜劇『あの幽霊たち』は、一九四六年、大戦の直後に発表された。日本と同じように敗戦を経験したイタリアでは、たくさんの犠牲者を出した。幽霊たちは、傷ついた戦後を象徴し

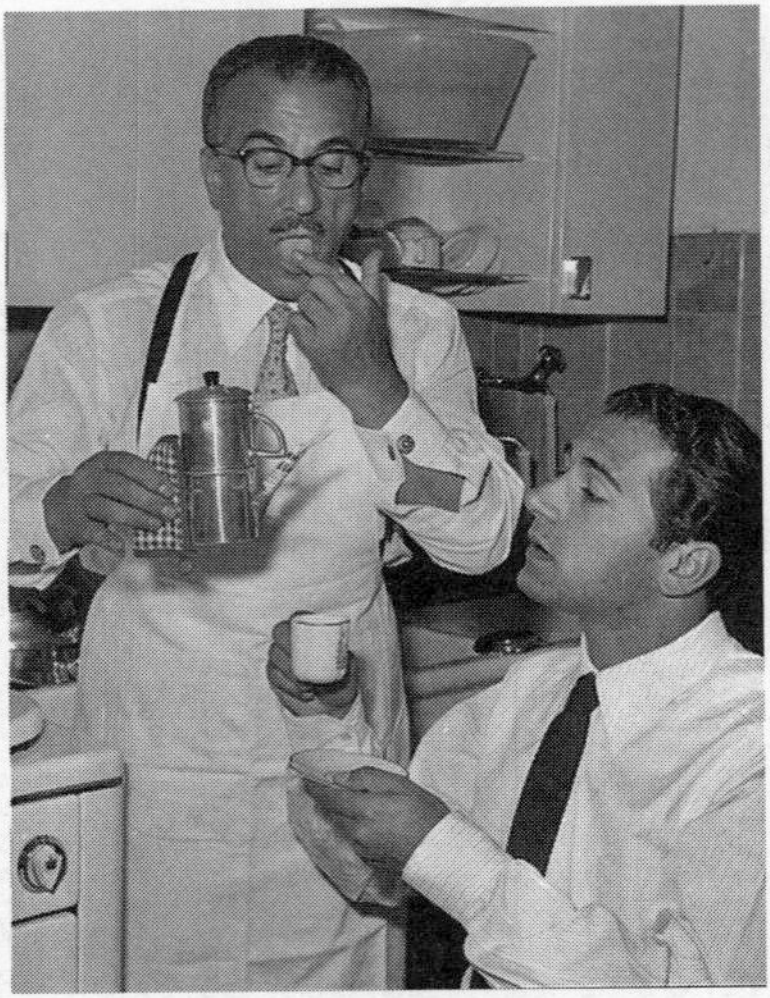

息子にエスプレッソの淹れ方を教えるエドゥアルド・デ・フィリッポ（1959年）© Reporter Associati

ているのかと思いきや、それは、エドゥアルド・デ・フィリッポ（一九〇〇～一九八四年）の鋭くも、達観した現代社会批判だった。

彼は、死の直前に、こう話している。

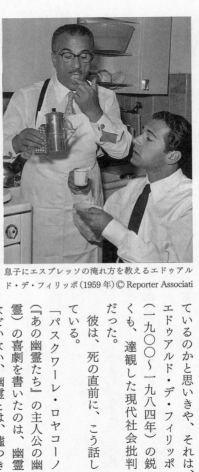

「パスクワーレ・ロヤコーノ（『あの幽霊たち』の主人公の幽霊）の喜劇を書いたのは、幽霊などいない、幽霊とは、嘘つきも、正直者も、寛大な人も、卑怯者も、いっしょくたにされ、曖昧で、互いを傷つけ合うような社会に陥れられている我々のことなんだ、と言うためさ」

そんな社会にあって、主人公が唯一、情熱を注ぐのが、自分で豆を炒り、自分で淹れたコーヒーである。パスクワーレは、バルコニーに腰かけ、家庭用の小さなコーヒー・マシーンでコーヒーがはいるのを待っている。そして、決して姿を見せようとしないお向かいさんに語り続ける。

すでに幽霊でありながら、パスクワーレが言う。

「私らナポリ人は、バルコニーの外での、このささやかな息抜きを奪われるというのなら……たとえば、私は、すべてを捨ててもいい。この一杯のコーヒー以外はね。バルコニーに出て、ゆっくりといただく、食事の後の眠たい時間。私は、自分で淹れなければだめなんだ、この手でね。この小さなマシーンは四人分だ。しかし、六人分にだってできる。もし、カップがもっと小さければ、八人分にだってなる。友達のために……。コーヒーは、こんなに高いからね……女房は、こういうことはわからないんで。私より、随分と若いんでね。ご存知のように、若い世代は、こんな習慣を失おうとしている。私にしてみれば、ちょっと見方を変えりゃ、人生のポエジーってもんだ。だって暇をつぶせるだけでなく、心にある種の静けさを与えてくれるからね。すみませんが、誰が私のようにコーヒーを淹れられるって言うんです。これほどの情熱と、これほどの細やかさをもって……」（『あの幽霊たち』〈前出〉）

ようやくコーヒーがはいり、これをすすりながら、彼は、うっとりと呟く。

「何と小さなことが、人を幸せにするんでしょうな」

ナポリが生んだ偉大な劇作家は、これを友と分かち合いたいという男の淹れたコーヒーの香りに、虚ろな幽霊のような現代人たちが、ふと生き返る瞬間を見ていた。そして、そこに、かすかな希望を見出していたのかもしれない。

第八章

コーヒーの経済学

BOICOTTA COCACOLA

コーヒーは、黒人たちの搾り汁なのか？

学生の頃、ウンブリア州の中世都市ペルージアの小さな画廊で、こぢんまりした世界のポスター展が開かれていた。語学留学中だった私は、さしたる期待もなく、散歩がてら出かけ、そこで、一枚の強烈なポスターに出会った。

白っぽい画面の下にコーヒーカップが描かれている。カップにはぽたぽたと黒いしずくが滴《したた》っているのだが、その上にはぎょっとするような絵柄が描かれている。白い大きな手が、黒人をぎゅっと握りつぶそうとしている。カップに落ちているのは、そこからこぼれた液体なのだった。もし、それが漫画チックなタッチでなければ、かなり陰惨な絵である。コーヒーの宣伝ポスターでないことだけは確かだった。

ポスターの下には、名前と国名の他は、これといった説明は書かれていなかったが、はっきりと、こう問いかけていた。

お前が好きなコーヒーは、遠い国々の黒人たちから搾取したもの、その血と汗の搾り汁なんだ、と。

強い衝撃を受けながら、学生だった私には、何だか、そこを掘り下げるとコーヒーがまずくなるようにさえ思われて、自分の中でしばらく保留にした。そのまま長年、平気でコーヒーを味わってきたのだが、まったく他人事《ひとごと》でないことはわかっていた。イタリアだけではない。日本だって、ほとんどすべてのコーヒーを外国に依存している。

数年前、知人についてエクアドルを訪れて、現地でコーヒー生産組合の若者たちに話を聴いた時、まっさきに頭に浮かんだのが、あのポスターだった。

そろそろ、私たちが普段、何気なく飲んでいるコーヒーの産地について、ちょっとだけ考えてみることにしよう。

植民地主義とともに世界に広がったコーヒー

前述のように、コーヒーの原産地は、エチオピア南西のアビシニア高原ではないかといわれている。一五世紀、そこから紅海の対岸側、アラブの南イエメンにコーヒーの木が移植された。そして、長い間、これをトルコ人が独占的に輸出していたが、一七世紀初頭、オランダの東インド会社が、世界的な輸出港となっていたイエメンの港モカから、おそらくはコーヒーの苗木をこっそり持ち出すことに成功する。

この一本が、世界を変えていく。

数十年後、オランダが当時、植民地にしていたジャワ島での栽培に成功。やがて、セイロン、スマトラへの栽培を広げていく。

一八世紀の初めには、オランダ人を介して、コーヒーを知ったフランスが、西インド諸島でコーヒー栽培に着手した。時を同じくして、あるポルトガル人が、仏領ギアナからブラジルの自国領にコーヒーの苗木を持ち込むことにまんまと成功し、世界一の産地へと育っていくきっかけをつくった。

今では紅茶の国のイメージが強い英国だが、その頃、植民地にしていたジャマイカとインドでコーヒー栽培を始めたのは、彼らだった。

スペイン人も勢いにまかせ、キューバ、プエルトリコ、グアテマラ、メキシコへとコーヒーの生産地を広げていった。一九世紀に入ると、コロンビア、ハワイ、エルサルバドルなどでも栽培が始まった。

こうしてみると、ものの二〇〇年ほどの間に世界の経済を大きく変えた植物――それがコーヒーだった。そしてコーヒーは、それまでそんな植物とはまったく無縁だった国々の人々の暮らしを、よくも悪しくも激変させた。コーヒーの歴史は、カカオやバナナのように、欧米の植民地政策、そして奴隷制度と切っても切れない関係にあった。

たとえば、ブラジルのコーヒー豆の栽培は、アフリカ大陸からむりやり運ばれてきた黒人奴隷たちによって支えられ、その数は、一八四八年に奴隷制が廃止されるまで、六万人にも達したという。グアテマラやペルーのような南米の奥地では、もともと高地で自給自足的な暮らしを続けてきた先住民たちが、強制的に労働させられた。

その労働条件は、目を覆いたくなるようなひどいものだった。当時、ポルトガルの植民地にあった大規模コーヒー園では、奴隷たちが平均七年で死亡していたという報告も残っているくらいだ。

そんな中、ジャワ島では、一九世紀半ばに一冊の告発小説が生まれた。オランダの文官エドゥアルト・ダウエス・デッケルの小説『マックス・ハーフェラール　もしくはオランダ商事会社のコーヒー競売』（佐藤弘幸訳、めこん。当時はムルタトゥーリという筆名で出版）は、それまでこの世の楽園のようだったインドネシアのジャワ島が、コーヒー貿易によっていかに無残に破壊されていったかを訴えた初の反植民地主義文学だった。現地の苦しみを見るに見かねたデッケルは、辞職して帰国した後、これを書き上げている。

飢餓……？　豊かにしてかつ肥沃なジャワで飢餓？　そう、読者諸君、わずかな歳月のうちに全ての地方が飢餓に襲われ、……母は子供を売ってでも食べものをと思い、……そう、母が子を食べてしまった……

主人公のマックス・ハーフェラールの名は、オランダで一番活発なフェアトレード運動（後述）の名として蘇った。

奴隷制が廃止された後も、多くのコーヒー産地における労働者の惨状は、しばらく奴隷制時代と変わりはなかった。アフリカや中南米の国々での悲劇の要因は、巨大化していく企業の影響力だけでなく、現地の独裁的な政権が、コーヒーによる利益をごくごく一部の権力者たちのものにしていたことにもあった。

エルサルバドルを例にとるならば、ここでは一九三〇年、輸出の九割をコーヒーが占めていた。先住民たちの労働条件は過酷をきわめ、ついに堪りかねて蜂起した農民たちは、農場監督や兵士を一〇〇人も殺害。すると、政府は、その報復として、軍隊を使って数週間で三万人近くを虐殺したのである。

こうして、ほんのわずかのコーヒー富豪が、たくさんの貧しい農夫の苦役の上に君臨するという構造が長く温存されることになった。

「死の部隊」と呼ばれるテロ組織を使い、農民を支援する指導者たちを殺害させた大農場主のやり方は、農村部の反体制ゲリラ活動を刺激し、一九八〇年代には、ついに内戦状態に陥った。

アメリカでは、エルサルバドルからのコーヒーの不買運動が勃発した。告発側には、大手「プロクター&ギャンブル」社の創立者の玄孫《やしやご》に当たるロビー・ギャンブルの姿もあった。

彼は、エルサルバドルに滞在し、その惨状を目にした。そして、自らの相続権を放棄してまで、当時、一族が経営する大企業の傘下にあった「フォルジャー」社が、エルサルバドルからコーヒーを買っていることを猛然と非難し始めた。サンフランシスコの活動グループは、大がかりな不買運動を展開し、「フォルジャー」のコーヒーをボイコットするテレビCMを流した。

「このコーヒーは、貧困と流血の産物だ」

そう言いながら、役者が伏せたコーヒーカップからは、コーヒーではなく、血が滴るという恐ろしいほど煽情的なものだった。私が、ペルージアで目にしたポスターが描かれたのも、ちょうど、その頃だった。

やがて一九九二年、一二年も続き、七万五〇〇〇人が犠牲となったエルサルバドルの内戦が終結、ようやく、国土総面積の四〇パーセントが小生産者の農地となり、火山が二〇もあるエルサルバドルのコーヒーは、その質の高さで注目されている。だが、内戦の副産物ともいえるマフィア組織が蔓延《はびこ》り、国家権力の腐敗もあいまって、治安悪化に国民は今も悩まされている。

コーヒー危機とは何か？

一九九九年、コーヒーの価格が大暴落した。

二〇〇〇年、ニューヨーク市場で、南米を中心とするアラビカ種の相場価格がキロあたり五〇セント程度、アフリカやアジア中心のロブスタ種が取引されるロンドン市場では、トンあたり四〇〇ドルに下落。

これは過去三〇年で最低の相場価格で、生産者たちにとっては、これでは、とてもではないが食べていけないというぎりぎりの価格だった。

何らかの目的を持って数字やグラフを示す時、必ず、そこにある種のトリックが生じる。そのことは、充分に承知しているつもりだし、普段からあまり信用し過ぎないように心がけているが、ここでは、グローバルな状況を把握するために、あえて、いろいろな数字を並べ立てさせていただくことを、お許し願いたい。

まず、コーヒー豆の生産量の約八割は、巨大なプランテーションではなく、平均二ヘクタールほどの小さな家族経営の農家の手になるものだという。世界中に二五〇〇万世帯とも言われる、そのような小さなコーヒー生産者たちの悪夢は、一九九九年の相場価格の大暴落によって、いっそう深刻なものになった。

ニカラグアでは、農夫たちがプランテーションを追われ、実際に現地で話を伺ったグアテマラでは、男たちがメキシコなどに出稼ぎに出たため、家庭崩壊を招き、子供たちが学校に通えなくなった。

また、コロンビア、ペルーなどアンデス山脈の地域では、コーヒー栽培からまったく収益が見込めないことから、密かにコカ（南米原産のコカの木。高山病に効用があり、地元では茶として親しまれているが、葉からコカインがとれるため輸出は合法化されていない）の栽培に切り替える農家が増えたという。

さらにコーヒー原産国と言われるエチオピアでは、コーヒー危機によって、世界最貧国としての地位が確固たるものになり、医療費不足から、エイズやマラリアが蔓延した。

多くの生産者が、餓死の危機にさらされ、慢性的な栄養失調に苦しんでいる。

それだけではない。コーヒーに国の経済の八割を依存してきたアフリカのブルンジ、半分を依存してきたエチオピア、約四割を依存してきたウガンダやルワンダなどでは、地元のコーヒー業者や銀行までが次々と廃業に追い込まれた。

ブルンジでは、七〇年代、ツチ族によって一〇万人ものフツ族の虐殺が起こり、ルワンダでは、八〇年代、フツ族によって一〇〇万人ものツチ族が命を落としたというが、経済の根幹をなすコーヒー産業の浮き沈みは、なおも政情不安の要因となっている。

さて、コーヒー相場価格の大暴落は、どうして起こったのだろう。

最大の原因は大幅な生産過剰であるが、そこには、以前はまったく栽培していなかったヴェトナムがロブスタ種の産地として台頭してきたことがあった。

ロブスタ種は、コンゴ民主共和国で発見された品種で、アラビカ種に比べて病害虫に強く、低地でも栽培でき、面積あたりの収穫量も多い。しかし、苦みが強く、風味も劣るとされ、前述のように、主にインスタント・コーヒーの原料に利用されている。

二五年前には、たった一五〇万袋（一袋＝六〇キロ）しか生産していなかったヴェトナムは、政府が補助金を出して国策として栽培を勧め、世界銀行がこれを後押ししたことで、二〇〇〇年には一五〇〇万袋を生産するに至った（二〇二〇年はその倍！）。

そんなわけで、ヴェトナムでも生産地の農家は食糧難に喘《あえ》いでいたが、中南米の生産地では、もっぱらヴェトナムばかりが目の敵にされていた。その一方、それまでずっと最大の生産国だったブラジルでも、生産量が大幅に伸びたという事情も大きかった。

八〇年代には、度重なる寒波の被害を受けていたブラジルは、生産地をより温暖な南部に移した。また生産技術向上の効果もあった。こうして二〇〇二年には、生産量は五〇〇〇万袋に達し、世界の半分近くを占めるまでになった。

ヴェトナムとブラジル――この二つの国がまったく想定外に生産量を伸ばした結果、二〇〇一年には、一・〇五～一・〇六億袋の消費量に対して、生産量は一・一五億袋。大幅な生産過多に陥り、価格の暴落を招いた。

だが、本当の原因はそれほど単純なものではない。

『コーヒー、カカオ、コメ、綿花、コショウの暗黒物語』(ジャン＝ピエール・ボリス著、林昌宏訳、作品社)というえらく長々しいタイトルの本によれば、もうひとつの大きな要因は、生産過剰だけでなく、一九六二年に生まれた国際コーヒー協定(international coffee agreement)による市場管理の体制が崩れたことが大きいのだという。

一九八九年、これを最終的に脱退することになるアメリカが価格安定協定の更新に反対し、加盟国の間に大きな摩擦が生じた。

同書によれば、アメリカが反対した理由は、いくつか考えられるが、そのひとつは、「コーヒーの価格安定協定を是認することは、レーガン政権が宣戦布告をした相手、ニカラグアの首都マナグアで権力を握っているオルテガ一族に花を贈るようなものである」というものだった。

また、アメリカの消費者が、この協定に加盟していない共産圏諸国――エチオピア、ニカラグア、キューバ、モザンビーク、ガーナ、ウガンダ、ヴェトナムなど――から輸出される安いコーヒーを選ぶのではないかという懸念もあったようだ。

しかし、それ以上に大きな理由は、〝市場がすべて〟という自由主義理論が、コーヒー業界に渦巻いていた、ことだという。

歴史の中で、常に〝自由〟のイメージと結びついてきたコーヒーだが、その業界は、皮肉にも、大勢の人々をなおも〝不自由〟にしているという現状を突きつけられている。

生産者と巨大焙煎会社との埋めがたい格差

それほど味にこだわりのない消費者が、スーパーに並んだインスタント・コーヒーを買う場合、南半球の生産者は、その小売価格の何パーセントくらいを受け取ることができるのだろう?

『コーヒー危機』(オックスファム・インターナショナル著、日本フェアトレード委員会訳、村田武監訳、筑波書房)の中に、これを調べたNGOの興味深いデータがある。

●二〇〇一〜〇二年の、ウガンダのロブスタ種についての調査(一キロあたり)

ウガンダのコーヒー農家が生豆を仲買人に売る値段は、〇・一四ドル。

地元の仲買人から地元の加工所、そこから輸出業者に売る値段は、〇・二六ドル。

港への輸送料、保険料、袋詰め料などが加わった一五級ロブスタの値は、〇・四五ドル。

海上輸送費、保険料などを加え、イギリスの輸入業者が工場へ売る値は、一・六四ドル。

イギリスの平均的なインスタント・コーヒーの値段は、二六・四〇ドル。

もちろん、すべての産地に応用するのは極端だが、この場合、生産者が手にするのは、小売価格のたった約〇・五パーセントだったのである。

ちなみにウガンダという国は、長年、アミンの独裁政権に苦しんできた。七〇年代には銅や綿花などの産業が疲弊し、ロブスタを中心としたコーヒーの生産が、国で唯一の重要な資金源となった。

しかし、農民たちは搾取され、国に専売化されたコーヒー輸出による収益は、アミンとその側近たちばかりを潤した。アミンは権力を握るやいなや、経済の重要な部分を握っていたアジア系移民を締め出し、対立していたキリスト教徒の虐殺に取りかかった。その結果、約三〇万人もの人々が犠牲になったという。

先進国の人間が、何も知らずに味わうコーヒーによる利益が、結果的に虐殺行為を支えていたことになる。

アメリカでは、この時もボイコット運動が起こり、一九七八年、ついに議会もウガンダ・コーヒーの輸入禁止を決定したほどだった。

ようやく、アミン政権が倒れ、ウガンダの農民たちは、希望の光を見出した。

前述の、生産者にスーパーの値段の〇・五パーセントが入るとしたデータを、楽観的過ぎるという人もいるが、いずれにせよ、生産者たちは浮かばれない。これでは、コーヒー産業は、カカオやバナナ、貴金属と同じく、今なお植民地産業であり、奴隷制の延長上にあると揶揄されても仕方ない。

そして、このオックスファムのデータを信じるならば、大きく儲けているのは誰なのかは一目瞭然である。過激な反グローバリストたちが、多国籍企業や巨大コーヒー・チェーン店を激しく非難するのは、こうした理由からのようだ。

独占化が最も進んだ二〇一〇年頃までには、「クラフト」社（八五年からフィリップ・モリス社の傘下）、「ネスレ」社、「P&G」社、「サラ・リー」社のたった四社だけで、世界のコーヒー販売量の半分近くを焙煎していた。

インスタント・コーヒーの最大手「ネスカフェ」の場合、一〇年で四〇パーセントも世界でのシェアを伸ばしていた。

前述のジャン＝ピエール・ボリスは、「ネスレ」社だけに責任を押しつけるつもりはないがと断りつつ、同社が最近つくりあげた「冷酷な経済原理を持ち込んだ非常に洗練された買いつけシステム」を激しく批判している。

二〇〇四年、「ネスレ」社は、ネット上の逆オークションによる入札で、たった数時間で、翌年の生産量をカバーする一二万トンものロブスタ豆を確保した。買いつけ価格は、ロンドン先物市場で提示されている正式価格よりも安いものだったという。

フェアトレードに燃えるヨーロッパ

フェアトレードとは、適正な価格で長く継続的に取引を続けていくことで、生産地の人々の生活向上を目指そうというものだ。

一九六〇年代、カトリック教会がアフリカや南米で始めたのが最初だという。さらにイギリスの多国籍企業を非難する学生運動の一派から、途上国とのつながりについて「援助から貿易へ」というスローガンが生まれる。英国のフェアトレードの草分け「オックスファム」が本格的に活動を始め、一九六九年には、オランダで最初のフェアトレードの商品だけを扱う「ワールド・ショップ」が開店、各国に広がった。最初のフェアトレード認証は、一九八八年、メキシコのコーヒー生産組合との取引を始めた神父によるもので、あの反植民地主義文学にあやかって「マックス・ハーフェラール」と名づけられた。

フェアトレードの先頭を切ってきたのは、歴史を振り返った時、植民地政策もまた積極的に進めてきた英国やオランダである。圧倒的に早く始まり、活動もさかんであるばかりでなく、すばらしいのは、深い理解を寄せる消費者まで増えてきていることだ。

フェアトレードのレギュラーコーヒーは、いまやイギリスのレギュラーコーヒー市場の七パーセント余り、コーヒー市場全体では二パーセントを占めている。オックスファムが出資している代表的なフェアトレードブランドである「カフェ・ダイレクト」は、イギリスのコーヒー市場でシェア第六位であり、イタリアコーヒーのブランドである「ラヴァッツァ」よりずっと上位にある（二〇〇二年時点）。

（『コーヒー、カカオ、コメ、綿花、コショウの暗黒物語』〈前出〉より）

アメリカでも二〇〇一年だけで、フェアトレード市場は三六パーセントもの成長を見せ、すでに一四〇社がフェアトレードに参入。全国約一万店の小売店でフェアトレードのコーヒーを購入できるようになり、三〇〇以上の大学でフェアトレードのコーヒーが飲めるようになったという。

フェアトレードによって、取引のある地域の生産者は、少なくともそれまでの二倍の収入を見込めるようになり、生活は安定し始め、質のよいコーヒー豆作りに専念できるようになってきた。

また、フェアトレードが支えている小さな生産者の多くが、本来、コーヒー豆の性質に向く日陰栽培を行っており、これを飲み続ければ、現地の土壌や川の汚染も最小限に抑えられ、生物の多様性を守ることにもつながる。

しかし、輝かしい未来を説くフェアトレードの動きに、先のボリスはえらく冷ややかな視線を向けている。

かくも熱く語られるフェアトレードだが、その恩恵に浴している多くの生産者たちは、それ以前から活動していた積極的な生産組合などに加入している者だけで、まとまりのない地域の本当に窮している生産者は取り残されたままだという。大手企業の賛同もポジティブなイメージを獲得するためのお飾りに過ぎないと辛辣《しんらつ》である。フェアトレードももはや、玉石混交だというのである。

そう言えば、最近も英国の報道番組が、フェアトレードに参加しているネスレの買いつけ先、グアテマラのプランテーションで児童労働の実態があることを暴露した。代表は、すぐにこれを是正すると発表し、長年、「ネスカフェ」のCMの顔だったジョージ・クルーニーまで「正直なところ、驚いているし、悲しい」とコメントしなければならなかった。

とはいえ、生協やオーガニック専門店ばかりでなく、普通のスーパーにまでフェアトレード印のコーヒーが並び始めたのは、つい最近のこと。日本にも「日本サステイナブルコーヒー協会」が誕生した。その試みが、何らかの新しい流れを生み出していくことを夢見るのは、楽観が過ぎるのだろうか。

フェアトレードには奥手でも、質の追求を自慢するイタリア人

古くからコーヒーの輸入港であり、独自のカフェ文化が花開いたトリエステのバール協会の名誉会長アルベルト・ヘッセ氏は、ローマのカフェ「サンテウスタキオ」が自費出版した『私はコーヒー』(未訳)という小冊子の中で、一九九九年から二〇〇五年にかけてのコーヒー危機の原因について、露骨なアメリカ批判を展開している。

危機の本質的問題の責任は、北アメリカのコーヒー市場にある。一九六三年のコーヒーに関する最初の「国際コーヒー協定」以来、アメリカは、二三〇〇万袋という最大の消費国だった。ちなみに当時のイタリアは一九〇万袋。しかし、二〇〇一年末の痛ましい構図は、アメリカの輸入量が一八〇〇万袋（四〇年で五〇〇万袋の減少）になっている。一方、イタリアは六五〇万袋（四〇年で四六〇万袋増：筆者補足）である。この増加分のうち、一二〇万袋は焙煎所からエスプレッソ用ブレンドとなってふたたび輸出される。

つまり、アメリカの行き過ぎた〝利潤追求〟という哲学そのものに、公正でないものがあることは歴然としている。

したがって、コーヒーの消費をほぼ三倍にまで増やし、ほぼ反対の〝質の追求〟という哲学のもとにおいしいコーヒーを味わえることに、イタリア人は、もっと誇りを持つべきである。

現行の貿易そのものが、あまりにアンフェアであるという実感を通じてこそ、フェアトレードの有効性は見えてくる。イタリアで、アングロサクソン圏ほど、それが白熱しないのは、かつて植民地開拓にそれほど血道をあげなかったというか、失敗したというか、そのことも無縁ではないだろう。また、ブラジルのコーヒー農園では、奴隷制度が禁じられた後、イタリア移民が黒人奴隷の後釜に据えられたという悲しい歴史もある。

それにエスプレッソという独自のコーヒー文化を持つイタリアでは、事情が少し異なる。高地で育ち、より高級なアラビカ種だけではなく、苦みと濃厚な泡を生み出すロブスタ種が欠かせない以上、もう少し広い範囲の生産者たちと向き合うことになる。そんな中で、おいしさと質にこだわり続けることが、自動的によき産地を育み、生産者たちを苦境から救うことにつながる、というヘッセ氏の信念は、いかにもイタリアらしいアプローチである。頭でっかちではなく、胃袋で考えろというわけだ。

そんなわけで、フェアトレードでは、どう贔屓目に見ても先進国とは思えないイタリアだが、そのユニークさにおいて群を抜いているケースをひとつだけ、紹介しよう。

北イタリアのブラに国際本部を持つNPO「スローフード協会」では、二〇〇〇年からグアテマラの高原地帯のコーヒー生産者たちを「サローネ・デル・グスト」(味の祭典)というフェアに招待していた。

フィアットの工場跡を使った巨大な人工的空間を歩き疲れてさまよっていると、どこからか、芳しいコーヒーの香りがする。吸い寄せられるように辿り着けば、ピンクやオレンジの糸で細かな刺繍を施したグアテマラの民族衣装に身を包んだ女たちが、笑顔で立っている。ウェウェテナンゴという高地のアラビカの生産者組合なのだという。

その香りにつられて、気がつけば日に三度も、一杯一三〇円ほどのコーヒーを飲みにその一角に通った。

そして二〇〇四年、彼らのアラビカが、トリノの「パウザ・カフェ」という社会的協同組合が間に入って、イタリアにフェアトレードで流通することになったという。聞けば焙煎しているのは、塀の中の人々だというではないか。しかも、薪を使った伝統的なロースト法によって差別化し、さらに囚人たちの社会復帰にも貢献し、コストを下げて、フェアトレードの難点である高価格を抑えられるから、双方にメリットがあるというわけだ。

イタリアの塀の中情報を発信する「リストレット（狭い）」というサイトには、こう書かれている。

近年の価格暴落が、この生産者の危機の大きな原因である。唯一の解決の糸口は、高地の質の高いコーヒーを差別化し、あまり条件のよくない他の地域のとうがらし、アニス、野菜などの生産者も同時に紹介していくことだ。「味の箱舟」（スローフード協会で在来の野菜、穀物、伝統漁業など希少な世界の味を守ろうというプロジェクト）に選ばれたコーヒーは、高度一五〇〇から二〇〇〇メートルの地点の、高木の日陰で栽培されるアラビカ（ティピカ、ブルボン、カトゥッラ）といった品種である。収穫はすべて手摘みで、生産者が背負った籐籠にひと粒、ひと粒、投げ込まれる。そして種は、収穫の四時間後から、二四〜三六時間かけて発酵のデリケートな過程を経て、実から離される。

このプロジェクトには、パドヴァに本社を持ち、ヴェネチアにカフェを持つ焙煎所「カフェ・デッラ・ドージェ」やトスカーナの焙煎所「アンドレア・トリンチ」も参加している。トリノには「パウザ・カフェ」が運営するバールも生まれ、各地で販売されている。

その〝狭い〟通信は、ずずんと胸を張る。

刑務所の一角で焙煎所としての活動が始まる。そして、どこにあるかも、経営者が誰なのかもわからない、ただ小さな共同組合に委ねられたその無名の焙煎所が、直接、コーヒーの生産者たちとつながる。これは、絶対にヨーロッパで、いや、おそらく世界でも唯一のケースに違いない。

つながる場「カフェスロー」と「縁の木」の挑戦

ところで、日本にも各地でフェアトレードの試みが始まっている。

そのひとつ、東京都府中市にある「カフェスロー」で味わえるコーヒーは、すべてエクアドルやブラジル、メキシコ、タイのフェアトレードのコーヒーだけという先駆的なカフェだ。豆を扱っているのは、福岡の「ウィンドファーム」(中村隆市代表)という会社で、代表の中村さんは、コーヒー大国ブラジルで、最初のオーガニックカフェを開店した人でもある。どれも農薬や化学肥料は使っておらず、取引価格は基本的に生産者が決め、それは市場価格の約二~三倍だという。売上の五パーセントを現地の森の植林や福利厚生などに役立ててきた。

カフェスローのオーナーの吉岡淳さんは、元日本ユネスコ協会連盟の事務局長で、大学では世界遺産についての教鞭もとっている。九三年には、奈良の東大寺で、ボブ・ディランやXジャパンを招きチャリティー・コンサートを開いたこともある。

ユネスコの活動を通じて、環境問題が深刻になっていく今後、世界協定というかたちではなく、それぞれの地域で暮らしを変えていく文化こそが大切だと痛感した。マングローブの植林活動を通じて出会った仲間たちと南米の森を守る環境文化NGO「ナマケモノ倶楽部」(辻信一代表)をつくり、「環境教育の場をつくりたい」という思いが「カフェスロー」の誕生のきっかけとなった。

赤字覚悟で始めた時、出資してくれた仲間たちにお願いした条件は、「新宿や銀座のような都心部ではなく、僕の地域でやらせてほしい」ということだけだった。

そんなわけで、この店は、国立駅から歩いて五分ほどの元工場の居抜きである。その造りも、わらと珪藻土《けいそうど》という自然素材にこだわった。

フェアトレードのコーヒーと商品を並べただけでは経営は苦しかったが、そのうち、オーガニックのワインと自然食を始め、イベントをうまく運営していくことで採算が取れ始めた。

その後は、毎週金曜日、電気を使わず、蜜蠟の灯りを楽しむ「暗闇カフェ」が口コミで人を集め、土曜日のコンサートの予約は半年先まで埋まっていた。

その吉岡さんにとって、この店の魅力は、出会いの場であること。

「赤ん坊からお年寄りまで、別に有名人でも何でもない、普通の人たちが、どんな思いで暮らしているのか、それを知ることができる。そんな人とつながることができる場であることが面白いですね」

その後、コロナ禍で危機に陥った時には、何とか店を存続させようとクラウドファンディングで五〇〇万円を目指したところ、八〇〇万円以上が集まった。二〇年以上も続けるうちに、北海道には障がい者施設のカフェ、千葉にはエネルギー自給のロースターカフェと、若者たちによるスローなカフェの〝心のフランチャイズ店〟が日本各地に広がった。

コロナ禍にもう一つ、パワフルな焙煎所に出会った。東京の下町、蔵前の小さな焙煎所「縁の木」だ。二〇一四年、ここを創業した白羽玲子さんは、大手印刷会社を経て出版社に勤めていた頃、二歳半になった次男が知的障がいを伴う自閉症と診断された。その二カ月後、母親が突然、他界し、父親を早くに失っていた白羽さんは、「障がいのある子供の将来をどうするかという課題」に直面した。

調べてみると、福祉事業所の仕事はどこも菓子作りや掃除など多様性に乏しかった。ならば、子供と一緒に売れるものをつくりながら、その多様性を生み出すことに貢献できないか、と考えた。こうして行きついたのが、コーヒーの焙煎だった。

しばらくは二足の草鞋《わらじ》で、コーヒーを学び、自家焙煎店で修業した。まず選んだのは、一回で四〇〇グラムしか扱えない小さな焙煎機だった。焙煎やブレンドを客が選べるオーダーメイドを軸にしようと考えたからだ。障がいのある子たちが失敗してもやり直しができる。買いつけ先は、産地が潤うコーヒーだけを扱いたいと、現地に直接買いつける業者に絞った。

「たとえば、コーヒーハンターの川島良彰さんが何年も栽培指導に通ったコロンビアの高山のフェダール農園では、八〇人の知的障がい者が働いているんです」

コーヒーがつなぐ経済が、二つの国の多様性を育むわけだ。

また白羽さんは各地の福祉事業所をめぐり、その加工品を売る仕事も始めた。企業の贈答品に、コーヒーと作業所の菓子セットを、といった提案もする。さらに、業界には廃棄される豆が多いと知り、大手メーカーとコラボし、福祉事業所のスタッフが地域の焙煎所から集めたそうした豆を活かした蔵前のクラフトビールも完成させた。

小さな焙煎所の挑戦は、まだ始まったばかりである。

こうした店のおかげで、私も、現地の森も壊さない、子供たちにも明るい未来が見えてきそうなコーヒーに切り替えることができた。エクアドルの産地へのエコツアーに参加したことも、「カフェスロー」でタイやメキシコの生産者たちに直接、話を聴けたことも貴重だった。興味が湧いて、グアテマラやメキシコの高山の生産地も訪ねてみた。そんなわけで、ようやくあのポスターの呪縛からも解放され、やっと本当に一服できそうだ。

第九章

イタリアのバールに学ぶ、グローバル時代の航海術

活気溢れるイタリアの小さな町の商店街

「今日は、お祭りか何かですか?」

「いいえ」

日本の友人夫婦が目を丸くしたのは、昼間は人気《ひとけ》がなかった小さな商店街が、夕方、人で溢れていたことだった。それは、たまたま立ち寄った北イタリアのカザーレ・モンフェラートという小さな町だった。

集まってきた人たちは、買い物三昧《ざんまい》するわけでもない。店の主人も夕食をゆっくり愉しみたいので、大抵の店は閉まっているが、ウィンドーだけはきれいに飾られ、照明がついている。人々は、これを眺めながら、そのうち買うものに目をつけておく。

この散歩を楽しみながら、ウィンドーショッピングをする習慣に、友人たちは、旅で最大のカルチャーショックを受けたと口にした。そう言えば、私も三五年前に初めて見た時は、そうだったなあとしみじみ思い出した。それも別にこの街に限ったことではなく、どの小さな街でもそうなのだ。

その商店街の中で、暗くなっても開いているのは、数軒のバールと食堂くらいで、これがいっぱいになる。仕事帰りに食前酒をひっかける人たち、これから外食したり、映画に行ったりする人は、バールを友人たちとの待ち合わせ場所にしている。アイスクリームを買って、舐めながら歩く家族連れもいる。この場合、バールは、ある種、商店街への呼び水になっている。

その光景が、友人たちを驚かせたのは、日本では、地方でも商店街に元気がなく、シャッター街などと囁かれているからだ。しかも、九〇年代の規制緩和から郊外型の大型店舗がどかどかと建ち、これに拍車をかけている。まるで大きな魚に小さな魚が食べられていくように……。それだけに、このイタリアの商店街のにぎわいは、元気の出るような不思議な眺めだったという。

四五年前、『イタリアの解剖』という本に「タイムズ」紙の特派員だったピーター・ニコルズ氏がやっぱり不思議そうに書いている。

「ほとんどの家庭の主婦は、スーパーマーケットよりも小売店で買い物をする。イタリアには、人口に比べてそうした小売店が、合理的と思われる数よりはるかに多い」

当時、イタリアの小売店の平均的な客数は約五〇人、これに対し、アメリカは一〇〇〇人だった。そしてイタリア一店舗あたりの売上高も、フランスの三分の一、ドイツの四分の一だったのだ。

もっと儲かる、効率のよい商売を考えればよさそうなのに、そうしたがらない理由について、ニコルズは、まずイタリアには伝統的にツケで買い物をする習慣が根強く残っていること、それに個人店で買い物をすれば、近所の人や友達に会っておしゃべりが楽しめるからだと考えている。

ただ、イタリアの小売店が儲からないのかという点については疑問もある。九〇年代に、三畳ほどの小さなバールの主人が、フィレンツェの街を見下ろす丘の豪邸に住んでいたことを知り、日常の食を商うことの意味を考えさせられたものである。主人の性格にもよるが、こつこつ働くことの見返りは、決してなくはない。

それから四五年、九三年のEU統合によって、イタリアにも外資系の大型店舗が進出し始めたものの、まだまだ個人店は奮闘していた。バールは、いわば、イタリアらしい個人店の典型であり、象徴的な存在である。

そのバールも、目を凝らせば、生き延びるための努力をしている。旅人には、ぞんざいで、これといった奇抜さもなく、どうして生き残っているのだろうと思われるような店の場合でも、よく観察すれば、地域に深く密着しているのがわかる。この場合、バールの主人は、地元学のマエストロなのである。

そして、バールは前向きである。たとえば、いろいろな新しい業種とのドッキングを試みる。もう何年も前から書店は、小さなバールを備えるようになった。

さらに、地元のおいしいパン屋とバールとの合体が注目を浴びている。仕掛けているのは、スペツィアの会社で、店作りのコンセプト、インテリアやロゴのデザインなどを手がけている。これは、多くのバールで、大工場から配達されるパンがまずくなったことの反動だろう。

そのひとつ、ローマの「ドッピオ・ゼロ」は、おおよそ朝方のパン屋のイメージとはかけ離れたクールな内装で、パンがほぼ売り切れた夕方にも地元のカップルや若者たちでにぎわっていた。多目的ユースのバールに生まれ変わることで、パンもよく売れていた。店名が「小麦粉」からきているだけに、ビールといっしょにつまんだジャガイモのピッツァは、粉の力なのか、冷えてきてもおいしかった。

フィレンツェに二〇年ほど前、「キアロ・スクーロ」というおしゃれなバールができた（240ページの写真を参照）。メニューに「フラペチーノ、モカチーノ、コッキーノ、ビキエリーノ……」と妙な言葉が並んでいる。「カフェ・エムルジョナート」とは、泡カフェ＝シェケラートのことだろうか。

ともあれ、幼稚な響きがちょっと不気味である。ついに外資系のチェーン店が観光地に進出してきたのかと訝《いぶか》しがったが、何事も経験、試しに「ノッチョリーノ」を頼んでみたら、バリスタがやおら棚からフレーバー・シロップと思しき袋を取り出した。とんでもない店に入ってしまったぞと内心、腹をくくりかけていたその時、彼は、おもむろにシェーカーを取り出し、丁寧に淹れたエスプレッソとアマーロを少々加え、シェイクし始めたのだ。

目にも美しく、飲んでみればエスプレッソの香りとコクがしっかりあって、ひんやり喉に冷たく、充分、おいしいではないか。ヘーゼルナッツ風味に食後酒のアマレット（アーモンドなどの入った甘いリキュール）もわずかに加わる。これでユーロ物価高にあって二〇〇円程度。

コロナ禍までは、一日で七〇〇～八〇〇人の客をさばくという機動力を見せていた。現在はバールも兼ねたレストラン化を遂げたが、それでもエジプト産アラビカ一〇〇パーセントやブラジル・ブレンドなど、コーヒー豆を選べる臨機応変さは変わらない。ちょっと忙しそうだが、この店などは、世界的なブームをいち早く取り込んで消化し、エスプレッソの味だけは引けないというイタリア化を図ることで、自分たちの商売を守り切っているというひとつの例かもしれない。

世界中に同じ店ばかり増えても退屈だ。九〇年代、作家の小松左京氏は、ほぼ八年ほどの間に日本全国で一六万軒あった喫茶店が一一万軒に減ったことを、ある対談の中で嘆いていた（『コーヒーという文化』ＵＣＣコーヒー博物館編、柴田書店）。昨今、その独自の進化を遂げたスローなコーヒー文化が世界にじんわり注目され始めたが、それでも二〇一六年には七万軒ほどにまで減った。

広告力に支えられた有名ブランドや大型ショッピングセンターの勢いに押され、家族経営の個人店が、世界中でどんどん姿を消そうとしているグローバル化の時代。なおも、したたかに、たくましく生き続けるイタリアのバールには、今を生き抜くさまざまなヒントが隠されている。

1、寄り合い所としてのバール

何事も効率のよさを求める現代にあって、大型ショッピングセンターやマニュアルに支配されたファストフード店が氾濫し、気がつけば、私たちは、地元の人同士が日常的に出会う場をどんどん失おうとしている。外目には、斬新さに欠ける普通のバールが生き延びているのは、そんなニーズを支えているからだ。イタリアのバールの最大の魅力は、この地域密着型というところにある。

たとえば、懐のさびしい同朋のために二杯分のコーヒー代金を払うというナポリのカフェ・ソスペーゾ（第五章参照）の伝統のように、あるいは、今もさかんなアルチの「チルコロ」（第一章参照）のように、老人やハンディを背負った人々、移民といった人々が社会から孤立しないための寄り合い所として最初からつくられたバールも多い。そして、誰一人自分は世話されているなどと考えてもいない。お互い様なのである。

2、口コミ文化の拠点

ある殺人事件の取材をしていた時、古株のジャーナリストから教わったことがある。もし、イタリアの小さな町で住民についての情報をつかもうと思ったら、司祭か、町長か、バールの主人に訊け、と。

経験から言えば、なかでもバールの主人は、最も近づきやすく、情報源としても確かである。旅行者が道を訊くのも、バールの方が間違いが少ない。

バールマンに最も要求される資質とは、何より、人が好きで、人の話を聴く能力だという。よきバールの主人は、勤め人たちの朝のせわしない会話にも、午後の老人や子連れの母親たちの愚痴にも、黙って耳を傾けている。口から先に生まれてきたような人が多い国では、類希《たぐいまれ》な資質に恵まれたエリートだったのだ。

3、街の顔であり、共同体の入り口

「バールマンというのは、とてつもなく大切な仕事じゃないかと思っているんです。客の立場になってみれば、バールというものは、街の入り口、覗き窓です。どんな街なのかな、ということを知るための要所なんですよ。つまり、たまたま立ち寄った一軒のバールで、街の印象はがらっと変わってしまう」

バールマン協会のアンジェロ（第四章参照）は、そう言った。一軒の店が、街の印象をがらりと変える、私もそんな経験を何度もした。馴染めなかった街で、たまたま入ったバールで親切にされれば、その街が好きになる。

心細い留学生や長期滞在の旅人、街の新参者には、お気に入りのバールを見つけ、顔を覚えられることは、共同体へのひとつの通過儀礼のようなものだった。

4、人間観察と物色の場

バールは、親密でありながら、それでいて多くの人目がある公の場である。外であって内、日本の縁側にも通じるそのファジーな空間の面白さ、居心地のよさが、人を惹きつける。広場バール（第一章参照）がわかりやすい例だが、こうなるとバールは、常に誰かに見られている劇場的空間でもあり、適度の緊張感が生まれる。

何が言いたいのかといえば、要するにバールは、カザノヴァの時代からずっとイケてる異性を物色する場であり、人間観察の場だった。嗜好や年齢によって住み分けはある。表面的には、しまりのない顔をして、きょろきょろしながらカフェを飲んでいるだけに見えるかもしれない。

思春期の子供たちにとっては、人生の深みにはまっていくための大人デビューの場でもある。

5、一服できるコンビニエンスストア

バールがカフェから派生した時、すでにそれは食品雑貨店に客を留まらせるための策として、店内にカウンターをしつらえたものだった。バールは、その生い立ちからして便利なよろず屋となる宿命を背負っていた。

小さな街や郊外のバールには、一〇〇から、多ければ一〇〇〇種類の食品がちょこまかとそろっており、まず地元の住人にとって、便利で使い勝手のいい店なのである。

朝食や午後の軽食、食前酒をとれる、という日常的な消費に結びついているのが強みで、やる気のある店は、時間によって微妙に業態が変化する。良し悪しだが、大の大人が立ち食いでも、お行儀が悪いと非難されることはない。

イタリアでは、期せずして、それが外資系の大型コンビニエンスストアから、地元の個人店を守るひとつの防衛策となっている。

6、わがままな注文ができる

これこそ、自分で考えて、自分で判断する人間のいる個人店の美徳である。

中堅の焙煎所のオーナーであるアルベルト（第五章参照）は、「イタリア人は、人と違っているのが好きなんだ」と言ったが、その表れが、「マイ・コーヒー」へのこだわりに垣間見える。ミルクを加えたマッキアートだったり、ダブルだったり、グラッパを垂らしたり、誰もが思い思いの注文を楽しみ、それに応えてくれるという心地よさが、イタリアの本来のバールである。

ジェラート屋とドッキングしたバールで「三色旗のアイスクリームを使ったカクテルを、ジンベースで」と注文した青年がいたが（第三章参照）、日本人から見れば無茶な注文もまかり通る。想像力の問題である。そこには、人と人の関係だからできる柔軟さがある。

イタリア人が、マニュアル通りの世界的チェーン店の「融通の利かなさ」に馴染まないのは、この人間くさい対応をずっと心地よいものだと感じているからだろう。

7、多様性という強み

一口にエスプレッソと言っても、そこには地域性や地方性が強く、多様である。北は浅炒り、南は深炒りが好みと言われるが、それほど単純ではない。二〇年前に比べれば三分の一に減ったとはいえ、イタリアには各地に一〇〇〇以上の焙煎所が生き延びており、地元の好みに合わせたさまざまなブレンドによって、その多様な味を支えている。

また、飲み方の文化も、ヴァルダオスタ州に残る、アラブのようなリキュール入りコーヒー回し飲み文化（第五章参照）や、夏の風物詩、カフェのグラニータを朝食代わりにするシチリアを中心とした南の文化（第三章参照）など、地域による習慣と伝統はなおもしぶとく守られている。

そして、イタリア飲食協会の秘書マリア女史（第二章参照）が言ったように、その多様な食文化と味へのこだわりが、これまた世界的チェーン店の「スタンダードさ」を跳ね返すバネのひとつになっていた。

8、絶景スポットとの融合

イタリアには、こんな美しい眺めは、どこかに腰かけてコーヒーでも飲みながらじっくり味わいたいなあ、と思うような場所に、大抵小さなバールが建っている。ドイツ人やフランス人に言わせれば、まだまだツメが甘いそうだが、さすがに世界遺産が集中している観光大国とあって、建築物などの規制も厳しく、うまく風景に調和している。

案外と、こうして自分たちが暮らしている町や自然の風景をつくづく眺めることのできる公の場があることが、風景を壊さないことに一役買っているのではないだろうか。

ただし、この場合、眺める対象が海にしろ、山にしろ、古城にしろ、「こんなところに、こんな店、つくるなよ」と悪態をつかれないだけの美意識と環境保全への配慮が、とても重要。

日本にも、世界でそこにしかないような絶景はたくさん残っているが、一服しながら、つくづくとこれを眺められる場所は少ない。

9、あらゆる異業種と合体していくバール

そもそも食料品店と立ち飲みカフェの合体から生まれたバールだけに、その後もさまざまな異業種とのドッキングを試みながら成長している。ケーキ屋やジェラート屋、文房具屋、トトカルチョ屋とは、もう古くから連れ添ってきた仲である。

おいしいパン屋とバールの一体化は、お菓子屋とバールの先例に倣って各地で定着した。暗くなっても客を集めるこうした店は、食品ロスも少ない。

その他、書店、花屋、エステサロン、高級土産物屋、ギャラリー、ポストモダンなデザイン、そして、アメリカ的な遊びのある空間……何でもござれである。

こうやって、今もアメーバのようにかたちを変えていく自在さもまた、しぶとさの秘訣。あるものとあるものを組み合わせることで、そこに新しいものが生まれる。

10、量から質への転換

「僕のような小さな企業には、希望の持てる時代だ」と、焙煎所のアルベルト（第五章参照）はこんなことも言った。

「質の悪い豆が量産されて、インスタントが蔓延り、質は二の次のチェーン店が増えていく中で、イタリアだけじゃなく、コーヒー業界全体を見ても、量から質への転換期さ。だから小さくても質を選んだ僕らのような企業は、充分に生き延びていく可能性があるんだよ」

これは、食に限らず、あるゆる分野に当てはまる。世界中に似たようなモノが溢れるグローバル化の中で、ひとつの得策は、サービスも含めて、世界でそこでしかつくれない何かを生み出す努力である。

今、イタリアのやる気のある若い個人経営者に話を聞けば、必ず、この「量から質への転換、あるいは質へのこだわり」という言葉が飛び出す。

バールという個人店においても同じ。地元のハムやチーズ、旬の野菜や果物、手作りの菓子パンにジェラート、手打ちパスタ、郷土料理への回帰、懐かしい空間、未来的空間、あるいは、生産者と自然に目を向けたフェアトレードのコーヒー……活気のあるバールでも、質へのこだわりこそが、生き延びる秘訣だと口々に唱える。

コーヒーの二〇五〇年問題

さて、今、業界を揺るがしているのが、コーヒーの二〇五〇年問題である。

ただでさえ気候の影響を受けやすいコーヒーが、温暖化の影響を受けないわけがない。それに安定供給のために大手がアフリカや東南アジアで仕掛けたプランテーション化による森林伐採も問題視されている。そこでワールド・コーヒー・リサーチは、このままでは、ことにアラビカ栽培に適した土地は、現在の半分になってしまうだろうと警告している。

もうひとつの問題は、ニューヨークとロンドンの先物取引で決定されるコーヒー豆の価格が、乱高下を繰り返していることだ。

コーヒーは病気に弱く、気候に左右される。それにワインのように寝かせれば価値が上がるわけでもなく、最新式の倉庫も持たない生産者が手元に長く置けば、香りも風味も落ちる。そこで生産者は、この市場原理というものに激しく翻弄《ほんろう》されることになる。

乱高下の要因は、全体の三割以上を占める産地ブラジルの干ばつや霜害による不作だという。けれども、先の一九九九年から二〇〇五年にかけての産地の危機には、ファンドの介入があったと言われる。インスタント・コーヒーの需要を伸ばしたい大手の働きかけで、ヴェトナムのロブスタ栽培が加速、同時にブラジルでも増産体制が整ったことで、これまでにない大暴落を引き起こした。

値が上がったと畑を増やした農家は借金を抱え、多くの産地では貧困が蔓延し、餓死者さえ出た。その数年後、気になって訪れたグアテマラやメキシコの山岳部では、息子たちが北米に出稼ぎに行って父親たちの夢を支えていた。美しい山々の風景は目に焼きつけたものの、仲のよい家族が離散しなければならなかった家長たちの淋しげな表情が、この地域のコーヒーを飲むたびに、ふと浮かぶ。

投資の対象となり、自由主義経済の中に投げ込まれたコーヒーの産地をめぐる理不尽な現状は、今も続いている。

二〇一一年からのコーヒーの木を枯らすサビ病が各地で流行した時の高騰にも、ファンドによる市場操作があったという。

これを書いている今も、コーヒー価格は、二〇二一年、ブラジルの水不足が予測されたことで高騰した後、下落に転じている。

そして業界には妙な熱気がある。お茶文化圏の中国が、コーヒー市場として急成長しているからだ。二〇一八年に北京に登場したラッキン・コーヒーはすでに約八〇〇〇軒、スタバは約六〇〇〇軒をチェーン展開しているし、つくるばかりだったブラジルやインドネシアでも消費が伸びている。

産地では、ヴェトナムがぐんぐんと生産量を伸ばしてブラジルに次ぐ二位、インドネシアもゆっくり追い上げている。

以前のコーヒー危機では、多国籍企業の独占が大いに話題となり、市場の四割を占めていた大手焙煎会社クラフト、ネスレ、P&G、サラ・リーがやり玉に挙がっていた。

最近では、穀物メジャー、カーギルを筆頭とする海運を押さえるバイヤーの取り分が多過ぎないかという指摘もある。

ともあれ、コロナ禍以後、市場の独占構造は少なくとも表面的にはやや緩和されたようだ。

二〇二三年、一位のネスレと二位のオランダのJDEピーツが世界市場に占める割合は一六パーセントほどで、上位一〇社を合わせても約三五パーセントだという。

その中でしたたかにシェアを伸ばしているのが、イタリア企業だ。一〇位内に最大手のラヴァッツァとセガ・フレッドのチェーン店を持つザネッティが滑り込んだ。どうもアメリカから起こったスペシャルティ・コーヒーのブームが、世界中にコーヒー豆のソムリエを育て、豆や味、産地への関心を高めたことが主な要因らしいという。その影響で、多様性の鑑《かがみ》バールにもエスプレッソを捨て、ドリップ・コーヒーに特化する店も現れ、ミラノを中心に愛好家を増やしているそうだ。

どんどん減っていた焙煎所も、マイクロ焙煎所の勃興とともに盛り返し、一〇〇三軒になった。また、ナポリ港には、二〇一二年、生豆専門の巨大倉庫を備えた新しいサプライチェーンが生まれ、四年後には増築し、現在、約九〇〇〇人が働いている。

また、ネスレが七〇年代からこつこつと開拓してきたカプセル・コーヒー市場にも、イタリア企業はどどっと参入。どう見てもアルミやプラのカプセルは地球に悪いよね、と誰もが思ったが、そこも抜かりはない。ナポリのブルボン社は、二〇二一年、土に還るカプセルを発表。大手焙煎所が最も集中するカンパーニアの州都ナポリは、コーヒーの聖地としてのプライドをかけて、世界進出への野望を燃やしている。

さて、忘れそうになっていたが、どうする二〇五〇年問題。サビ病は今も各国で流行っているそうだし、農家が減れば、このままでは業界全体が疲弊しかねない。消費が伸びても、飲ませるコーヒーが足りないとなれば、それは持てる者だけの贅沢品になってしまう。第一、産地の農家を不幸にしながら、一杯の至福はちょっときつい。そこで複雑なコーヒーの流通システムに風穴を開ける解決策と期待されたのが、フェアトレードだった。森や生物多様性を守る産地を育て、子供たちが学校に行ける環境を整えようと多くの人々が現地に足を運んでいる。

ところが、二〇二〇年、世界の全消費量の中では、まだ約二パーセント、イタリアでは約一パーセントだというから、がっかりである。

ネスレが最近、七割の株を手に入れたサンフランシスコ発の「ブルーボトル・コーヒー」は、直接買いつけで名を馳せたが、イタリアでは、ナポリの老舗バルベーロと契約し、どちらも世界的なチェーン展開を加速させている。

大手が動けばインパクトは大で、少しはこの数字も上がってくるのではと期待しているのだが、コモの直売運動から生まれた「カフェ・マラテスタ」のヤコポ・ロカテッリは、そんな動きに批判的だ。フェアトレードが、最近、大手のお飾りになってはいないかと手厳しい。中小企業には、その国際認証もあまりに高過ぎるのだという。同社は、近年、ドイツ、デンマーク、フランスなどの小さな焙煎所からなる「ロースター・ユナイテッド」に加盟。産地から直売しながら、少なくとも二年に一度は現地を訪れ、販売額の六〇パーセントを無利子で融資する。そんな風通しのよい新しいフェアトレードに希望を見出している。

また、フェアトレードは、減少傾向にあるアラビカの産地に集中しているが、ロブスタの産地でも丁寧な加工によって質を上げるなど、いろいろと努力している。その点、イタリアのエスプレッソ文化は、ブレンドの技が根底にあるので、ロブスタの産地も含めて、広く世界と付き合っていける。北欧や英国に比べれば、明らかにフェアトレード後進国だが、ようやく最近は、バールの意識も少し変わってきた。

すでに二割をフェアトレードの有機コーヒーに切り替えたローマの焙煎所「カフェ・ハイチ、ローマ」は、そのほとんどをスーパーではなく、バールに卸しているそうだ。

さらにパレルモの焙煎所「モレッティーノ」が、九〇年代から取り組んできたシチリアで栽培したアラビカ一〇〇パーセントのコーヒーが、二〇二一年、ようやく販売に漕ぎつけて注目されている。温暖化で、南部はこれからコーヒーの適地になるかもしれないという期待を込めて、各地で同様な試みが育っている。

とまあ、誉めそやしてみるものの、やはり、せわしないだけの居心地の悪いバールもまた、増えてきた。日に一〇〇〇人以上もの客をさばかなければならない空港や駅のバールでは、もはや、移民たちが速度の限界に挑戦するように、辛そうに働いている。都市には値段が高いだけの狭苦しいバールも目立ってきた。

その一方で、イタリアの小さな町では、土着型バールが悠然とスローななりわいを続けており、そんな姿を目にするとほっとする。バールは、ある意味で、イタリア社会の縮図だ。人は、そこで社会的な鎧《よろい》を脱ぎ捨てる、その人間くささを楽しむ。あらゆる違いは楽しむべきもので、そこには弱者も強者もない。ＳＮＳとの違いは、人の弱みも隠せないリアルな出会いの場であることだ。

そこには、徹頭徹尾、人間が真ん中にいる。だからこそ、私もイタリアのバールが大好きなのである。

いや、それは私の勝手な思い入れで、そう信じたいだけなのかもしれない。それでも、グローバル社会がもたらすある種の均質化と無個性化がますます世界に広がっていく中で、これからも、そんな人間くさいバールが、イタリア半島に、そして日本にたくさん、そしてたくましく生き延び続けてくれることを祈りながら、筆を擱《お》くとしよう。

引用・参考文献

【第一章】
ジャック・カザノヴァ著、窪田般彌訳『カザノヴァ回想録』河出文庫、一九九五年
鳥越輝昭『ヴェネツィア　詩文繚乱』三和書籍、二〇〇三年
【第二章】
"Piccola enciclopedia del Caffè," Rizzoli, 1999
日本コーヒー文化学会編『コーヒーの事典』柴田書店、二〇〇一年
ベネット・アラン・ワインバーグ&ボニー・K・ビーラー、別宮貞徳監訳、真崎美恵子・亀田幸子・西谷清・岩淵行雄・高田学訳『カフェイン大全』八坂書房、二〇〇六年
Alfredo Danesi, "Caffè, Mito e Realtà," idea libri, 2003
マーク・ペンダーグラスト著、樋口幸子訳『コーヒーの歴史』河出書房新社、二〇〇二年
"Business Asia," Oct.25, 2006
La Repubblica, "Cala il numero di Bar in Italia," Oreana Davini, 25 Gen. 2023
【第四章】
ステファノ・ベンニ著、中嶋浩郎訳『聖女チェレステ団の悪童』集英社、一九九五年
"Liquori e distillati d' Italia," Touring Club Italiano, 2005
【第六章】
Aldo Santini, "Profumo di Caffè," Maria Pacini Fazzi, 1998
Pietro della Valle, "Lettera III da Costantinopoli," G. Gancia, 1843
J・Lフランドラン&M・モンタナーリ編、宮原信・北代美和子他訳『食の歴史』I〜III、藤原書店、二〇〇

六年
ジョナサン・モリス著、龍和子訳『コーヒーの歴史』原書房、二〇一九年
Maria Attilia Fabbri Dall, Oglio & Alessandro Fortis, "IL Gastronomo Errante Giacomo Casanova," Ricciardi & Associati, 1998

【第七章】

Stefano Benni, "Bar Sport," Feltrinelli, 1997
Stefano Benni, "Il Bar sotto il Mare," Feltrinelli, 1989
Stefano Benni, "Bar Sport Duemila," Feltrinelli, 1999
ハンス・マグヌス・エンツェンスベルガー著、石黒英男・小寺昭次郎・津村正樹・野村修・道籏泰三訳『ヨーロッパ半島』晶文社、一九八九年
"Profumo di Caffè," (前出)
Angelo Lambardi, "Ambrosia Arabica," Longhi Stampatore Arcivescovale Bologna, 1960
『コーヒーの歴史』(前出)
アト・ド・フリース著、山下主一郎他訳『イメージ・シンボル事典』大修館書店、一九八四年
『カフェイン大全』(前出)
"Caffè, Mito e Realtà" (前出)
Eduardo de Filippo, "Questi fantasmi!," Einaudi, 1972

【第八章】

ムルタトゥーリ著、佐藤弘幸訳『マックス・ハーフェラールもしくはオランダ商事会社のコーヒー競売』めこん、二〇〇三年

ジャン＝ピエール・ボリス著、林昌宏訳『コーヒー、カカオ、コメ、綿花、コショウの暗黒物語』作品社、二〇〇五年
オックスファム・インターナショナル著、日本フェアトレード委員会訳、村田武監訳『コーヒー危機　作られる貧困』筑波書房、二〇〇三年
Sant' Eustachio il Caffè, "Io sono caffè," 2002, Alberto Hesse, "Un Caffè in Crisi" www.Ristretti.it, Nov.9, 2004
吉岡淳『カフェがつなぐ地域と世界　カフェスローへようこそ』自然食通信社、二〇〇四年
【第九章】
ピーター・ニコルズ著、石井伸一・飯倉健次訳『イタリアの解剖』サイマル出版会、一九七八年
ＵＣＣコーヒー博物館編『コーヒーという文化』柴田書店、一九九四年
Comunicaffè, "Lavazza e MGB Group tra i pirimi 10 torrefattori mondiali," 13 Ott. 2023

その他の参考文献（順不同）
伊藤博『コーヒー博物誌』八坂書房、二〇〇一年
門脇洋之『エスプレッソブック』柴田書店、二〇〇四年
川島良彰『私はコーヒーで世界を変えることにした』ポプラ社、二〇一三年
川島良彰、池本幸生、山下加夏著『コーヒーで読み解くＳＤＧｓ』ポプラ社、二〇二一年
田口護『コーヒー味わいの「こつ」』柴田書店、一九九六年
服部幸應『コロンブスの贈り物』ＰＨＰ研究所、一九九九年
堀口俊英『新しい珈琲の基礎知識』新星出版社、二〇二三年

林茂『イタリアのＢＡＲを楽しむ』三田出版会、一九九七年
アントニー・ワイルド著、三角和代訳『コーヒーの真実』白揚社、二〇〇七年
バートン・アンダーソン著、塚原正章・合田泰子訳『イタリア味の原点を求めて』白水社、一九九七年
牟田口義郎『食の起源　メソポタミアとイスラーム』作陽学園出版部、一九九九年
Ｗ・Ｈ・マクニール著、清水廣一郎訳『ヴェネツィア』岩波現代選書、一九七九年
Mariarosa Schiaffino, "Le Ore del Caffè," idea libri, 1983
"Annali Urbani di Venezia," libro Ⅷ, 1618〜1622
Pietro Campitelli, "IL Mercato del Caffè in Italia," saggio, 1992
Roy Delaney & Cathy Chan, "Starbucks buys outlets in China" from "Business Asia," Oct.25, 2006
"L' Italia del caffè," touring Club, 2004
"Professione Barman," Demetra, 2000
P. Artusi, "La Scienza in cucina e l'Arte di mangiar bene," Giunti, 1994
IL Caffè sospeso, Luciano de crescenzo, Oscar Montadori, 2017
La terapia del Bar, Paolo Ciampi, Feltrinelli, 2023

Ringraziamento a Alberto Verani,
Angelo Borrillo, Davide e Martina Merlet,
Raimondo Ricci, Nicolo Scamardella,
Maria C Sorrenti, Silvia Salvatori,
Silvio e Kyoko Piersanti, Stefano Cecchini,
Tullio Galli, Vito Puglia
E al mio paziente editore, Takahisa Miyake.

光文社未来ライブラリーは、
海外・国内で評価の高いノンフィクション・学術書籍を
厳選して文庫化する新しい文庫シリーズです。
最良の未来を創り出すために必要な「知」を集めました。

本書は2007年3月に光文社新書として刊行したものに、
加筆・修正を行い、文庫化したものです。

光文社未来ライブラリー

コーヒー　至福《しふく》の一杯《いっぱい》を求《もと》めて

バール文化《ぶんか》とイタリア人《じん》

著者　島村菜津《しまむらなつ》

2023年11月20日　初版第1刷発行

カバー表1デザイン　bookwall
本文・装幀フォーマット　bookwall
発行者　三宅貴久
印　刷　萩原印刷
製　本　ナショナル製本
発行所　株式会社光文社
〒112-8011東京都文京区音羽1-16-6
連絡先　mirai_library@gr.kobunsha.com（編集部）
03(5395)8116（書籍販売部）
03(5395)8125（業務部）
www.kobunsha.com
落丁本・乱丁本は業務部へご連絡くだされば、お取り替えいたします。

ISBN978-4-334-10130-5　Printed in Japan

光文社未来ライブラリー　好評既刊

サッカーマティクス
数学が解明する強豪チーム「勝利の方程式」

デイヴィッド・サンプター
千葉敏生 訳

勝ち点はなぜ3なのか？　スター選手は数学的に何が凄いのか？　サッカーのさまざまな「数学的パターン」を発見・分析し、プレイと観戦に新たな視点を与える話題作。

希望難民
ピースボートと「承認の共同体」幻想

古市憲寿

現代に必要なのは〝あきらめ〟か⁉「世界平和」や「夢」を掲げたクルーズ船・ピースボートに乗り込んだ東大院生による社会学的調査・分析の報告。古市憲寿の鮮烈のデビュー作。

女性が人生を変えるとき

メリンダ・ゲイツ
久保陽子 訳

「全ての壁は、扉なのだ」――世界最大の慈善団体「ビル&メリンダ・ゲイツ財団」の共同議長が語る、人生を変え、文化を変えていく女性たちの物語と未来のつくり方。

ネットリンチで人生を破壊された人たち

ジョン・ロンソン
夏目大 訳

〝大炎上〟が原因で社会的地位や職を失った人たちを徹底取材。加害者・被害者双方の心理、炎上のメカニズムなどを分析し、ダメージを受けない方法、被害を防ぐ方法を探る。

ネットワーク科学が解明した成功者の法則

アルバート＝ラズロ・バラバシ
江口泰子 訳

世界が注目する理論物理学者が、ノーベル賞、現代アート、ヒットチャート、資金調達などあらゆる分野の膨大なデータを最先端の手法で分析、成功者に共通する5つの法則を明かす。

光文社未来ライブラリー　好評既刊

ルポ 差別と貧困の外国人労働者
安田浩一

「日本人は誠実な人ばかりだと思っていた」――低賃金、長時間労働、劣悪な環境、パワハラ、セクハラ……技能実習制度の闇の部分を暴いた傑作ルポ、新原稿を加えて文庫化。

数字が苦手じゃなくなる
山田真哉

168万部の『さおだけ屋はなぜ潰れないのか？』の続編にして52万部の『食い逃げされてもバイトは雇うな』シリーズ（上・下）を合本。数字の見方・使い方を2時間でマスター！

2016年の週刊文春
柳澤健

スクープの価値は揺らがない――ふたりの編集長と現場の記者たちの苦闘を描き、週刊誌60年、文藝春秋100年の歴史をひもとく圧倒的熱量のノンフィクション。解説・古賀史健。

犬は「びよ」と鳴いていた
日本語は擬音語・擬態語が面白い
山口仲美

朝日は「つるつる」、月は「うるうる」と昇っていた!? 英語の3倍、1200種にも及ぶ「日本語の名脇役」の歴史と謎に、研究の第一人者が迫る。ロングセラーが待望の文庫化！

戦争の社会学
はじめての軍事・戦争入門
橋爪大三郎

〈日本人は、戦争から目を背けてきた。一九四五年から、そろそろ八〇年になろうというのに。〉――戦争の危険性が高まる今こそ読んでおきたい日本人のための新「戦争論」。